「青」のコミュニケーションで人生を変える

中島啓子

経法ビジネス新書
006

はじめに

「5年日記」をつけていたことがあります。5年日記というのは、1ページに同じ日付の日記が5年分書けるようになっているものです。毎年1月1日のページには「今年こそはイライラせずに穏やかに暮らしたい」と同じことが書かれていました。つまり、毎年ムシャクシャしていて、気持ち良く生活を送ることができていなかったということです。

そんなとき、この本のベースになっている「BCB（Breaking The Communication Barrier＝コミュニケーションの壁を切り拓く）プログラム」に出会いました。この講座を受講したときの衝撃は今でも忘れません。そして、それから私の暮らしはいつもBCBプログラムの内容を通して考えたり、人とコミュニケーションをしたりするようになりました。すると、みるみるうちに相手と願っていたような関係を築くことができ、自分のやりたいと思っていたことが実現したのです。

まさに私は「青のコミュニケーション」で自分で自分の人生を彩ることができました。BCBプログラムはエーブ・ワグナー氏が創設し、心理学の「TA（交流分析）」（注1）と「NLP（神経言語プログラミング）」（注2）を組み合わせ、コミュニケーションにおいて実践的に使用できるようにしたものです。本書はそのBCBプログラムを若い女性向けに内容をアレンジして日常生活の場面などに置き換えて分かりやすくご紹介させていただくものです。皆さまが青のコミュニケーションを行うことにより、より良い人生を手にしていただけたら幸いです。

２０１５年１月

中島　啓子

（注1）TA（Transactional Analysis= 交流分析）……創始者は精神科医のエリック・バーン。人間の交流や行動に焦点を当てて、理論体系化した心理療法。

（注2）NLP（Neuro-linguistic Programming= 神経言語プログラミング）……創始者はリチャード・バンドラー（心理学者）とジョン・グリンダー（言語学者）。非常に優れた3人の心理療法家、バージニア・サティア（家族療法）、フリッツ・パールズ（ゲシュタルト療法）、ミルトン・エリクソン（医療催眠療法）に共通する効果的な治療のエッセンスをモデルとして分析し、その行動パターンを抽出・体系化して誰もがその効果を出している手法を再現できるようにしたもの。

「青」のコミュニケーションで人生を変える　●目次

第1章

コミュニケーションは「青」と「赤」に分けられる

1　HAPPYな「青」と、もやもやした「赤」のコミュニケーション

「人とうまくいかない！」「良いことがない」とボヤく人は少なくありません。これを解消するカギは、実はコミュニケーションにあります。相手から思いどおりの反応を得るには、まず自らのアプローチ法を変えることが不可欠です。

複雑に思えるコミュニケーションですが、たった2つの「青」と「赤」のコミュニケーションに分けることができます。2つのコミュニケーションのタイプを知り、「青のアプローチ」を身につけることで、人生を思い通りに変えることを可能にします。

では、「人とうまくいかない」と思う時とは、いったいどんなことが起こっているのでしょうか？　相手から頭ごなしに否定されたり、怒鳴られたり、批判される。イライラしていて、相手の言うことに反抗したり、攻撃したりしてしまう。そして、言いたいことも言えずに、自分は大したことができない、こんな自分ではダメだと嘆いているなんてこともあるでしょう。このように「うまくいかない」もやもやしたやりとりを「赤のコミュニケーション」と言います。

では、このうまくいかない状態を自分の態度や姿勢が、相手の赤の状態を引き出してしまっているとしたらどうでしょうか？　この自分から相手に（逆に相手から自分に）投げかける言葉や姿勢・態度のことを本書では「アプローチ」とします。自分のアプローチが相手の赤のアプローチを引き出して、そしてそれに反応して自分は落ち込んだり、イラついたり、また「うまくいかない」と感じる。その「うまくいかない」という態度がまた相手の赤の状態を引き出す。いつまでも赤のコミュニケーションが続きます。このマイナスのスパイラルに陥ると、その状態からなかなか抜け出せず、「良いことがない」とぼやいてしまう。これでは人生なかなか思うようにいきませんよね。

一方、周りにこんな人はいませんか？　自分の欲しいモノをどんどん手にして、周囲からも愛され、人が集まってくる。いつも楽しそうで、キラキラと素敵に輝いている。このような人は、自分から青のアプローチを行い、人生を自分から彩っているのです。青のコミュニケーションでは、自分の言いたいことを素直に率直に伝えることができ、お互いの意思疎通が図れ、情報を交換したり、気持ちを通じ合わせて共感できたり、自分のことも相手のことも大切にすることができます。人から理解してもらい、支持・応援してもらう機会も多くなります。こんな風に人間関係が築けたら、ワクワクすることも増えＨＡＰＰＹですよね。

しかも、青のコミュニケーションも赤と同様にプラスのスパイラルに入り、継続しやすいという特徴を持っています。赤のアプローチは赤のコミュニケーションを引き出し、青のアプローチは青のコミュニケーションを引き出します。そして、私たちがいつもなにげなく行っているアプローチにはその人特有のパターンがあり、いつも同じようなコミュニケーションをしがちなのです。だから、いつも多くの人から支えられ、楽しそうにしている人は、無意識に青のアプローチでますます素敵に輝き、いつも愚痴をこぼし、嘆いている人は知らず知らずのうちに赤のアプローチを行って、さらに悲劇を引き出すといったことが起こります。

であれば、赤のコミュニケーションをしているときに、自ら「赤のアプローチ」をしていることに気づき、意識的に青のアプローチに変えることで赤のコミュニケーションを断ち、相手から青のアプローチを引き出し、変えることはできるはずです。日頃から人間関係がうまくいっているという人も、意識的に青のアプローチを活用することにより、もっとHAPPYな人生を自分の手で創ることができるでしょう。

そうは言っても、人間誰しも落ち込むこともありますし、怒ったり、悲しんだりすることもありますよね。何も、その感情に蓋をしてポジティブ思考に変えましょうということではありません。落ち込んでも、怒っても、悲しんでもいいのです。その表現、つまりアプローチの仕方を、自分の欲しい状態を手にするために変えていきましょうというのが、本書の目的になります。

私自身の経験です。あるとき、Aさんと一緒にいると、いつも肩に力が入り、歯を噛みしめ、Aさんの言葉を受け入れることができずに反抗している自分がいることに気づきました。なぜ反抗してしまうのか振り返ってみると、いつもAさんから批判され認めてもらえないと感じていたからです。Aさんはしばしば「○○することは間違っている」「○○するのが当然」と決めつけたような言い方をします。そのような言われ方をすると、「いや、私の言っていることは正しい。私は間違っていない」と自分の正当性を主張したり、自分のことを認めてくれないAさんに腹を立てたりしていました。腹を立てて過剰に反応する私に、Aさんはさらに荒げた口調で、「あなたは○○をしなければならない」「○○すべきだ」と強く私を批判します。そして、いつも口論に近い状態で別れることになるのでした。Aさんと一緒にいると厚い雲が張りめぐらされたように気分が重くなります。次に会うときは、もう少し気持ち良く楽しい時間を共有したいと思いながら、毎回同じような結末です。それなら、Aさんと2度と会わなければいいのではないかと思いますが、日常には会いたくない人や関わりたくない人ともコミュニケーションをとらなければならない場合があります。

そして、Aさんと共通の友人Bさんもこんなことを言いました。「Aさんと一緒にいると、すごく自信をなくしてしまうんだよね。あれはダメ、これはダメ、あーしろこーしろって言われている感じがして、このままの自分じゃダメなんだなって」。Bさんは私とは違い、Aさんに対して何も言えなくなってしまうそうです。

しかし、あるときAさんとAさんの友人CさんがコミュニケーションをとっているところにI出くわしました。いつも私から見ると怖い表情のAさんが穏やかな表情でCさんと接しています。時折、Aさんに笑顔も見られます。私は目を疑いました。そして、AさんはCさんのことは好きだけれども、Bさんや私のことは嫌いなのだろうと思いました。だとしたらそれではどうしようもないと感じながら2人の会話を聴いていると、Aさんはいつも私やBさんに接するときと同じように、Cさんにも上から目線で「〇〇してはいけない」「こうするべきだ」と高圧的に言っているのです。

私たちの会話と何が違うのかと観察していたところ、CさんのAさんに対するアプローチが私やBさんと明らかに違うことが分かりました。Cさんは「Aさんにはそう感じるのですね。そんな風に見られると私も悲しいです」と言っています。Cさんは私のように反抗するわけでもなく、Bさんのように何も言えなくなってしまっているのでもなく、柔らかな言い方で、しかしきちんと自分の気持ちを伝えているのです。そしてAさんから「君を悲しませようと思って言っているのではないんだよ。君が仕事の効率的なやり方を知れば、君自身のためにもなると思ってね」という本音を引き出しました。実はこれが「青」のコミュニケーションなのです。

この青のコミュニケーションの法則を知ってもらい、実践できるようになって、自分の人生を自分がより望むように築いていただけたらと思い、この書を書いています。

2　青と赤のアプローチを行う6人のキャラクター

私たちが相手に投げかけるアプローチは次頁の6つのパターンに分けることができます。そのうち①から③の3パターンが人間関係を良くする効果的な「青のアプローチ」、④から⑥の3パターンが非効果的な「赤のアプローチ」です。

相手にコミュニケーションを働きかけるキャラクターが自分の中に6人いると考えましょう。この6人のキャラクターは誰の中にも存在しているのです。6人のうち3人が「青のアプローチ」をするキャラクターで、残りの3人が「赤のアプローチ」をします。6人は場面や状況によってそのうちの1人が表面に出てきて相手と接しているのです。6人のうちずっと1人のキャラクターがアプローチをし続ける場合もありますし、交代する場合もあります。6人の性格の特徴や役割をつかみ、「青のアプローチ」を行う3人にそれぞれ場面や状況に応じて対応してもらえれば、相手からも青のアプローチを引き出しやすくなります。

【6人のキャラクター】

青のアプローチ	①優しいお母さん	相手に対して理解があり、気遣いがある。相手の期待に応えようとする
	②仕事のできるキャリアウーマン	コンピューターのように情報を保存、発信。理性的、論理的、合理的
	③素直な子ども	自分の気持ちに正直で、欲求や要望、感情をそのまま表現する
赤のアプローチ	④批判的なお母さん	相手を認めず、見くだし、声を荒げて怒ったり、皮肉を言ったりする
	⑤反抗的な子ども	すべてに反対して、やらない。問題に対して、過剰に反応して怒る
	⑥いじけた子ども	自分に否定的で、自分の意思を伝えることができず、相手に合わせる

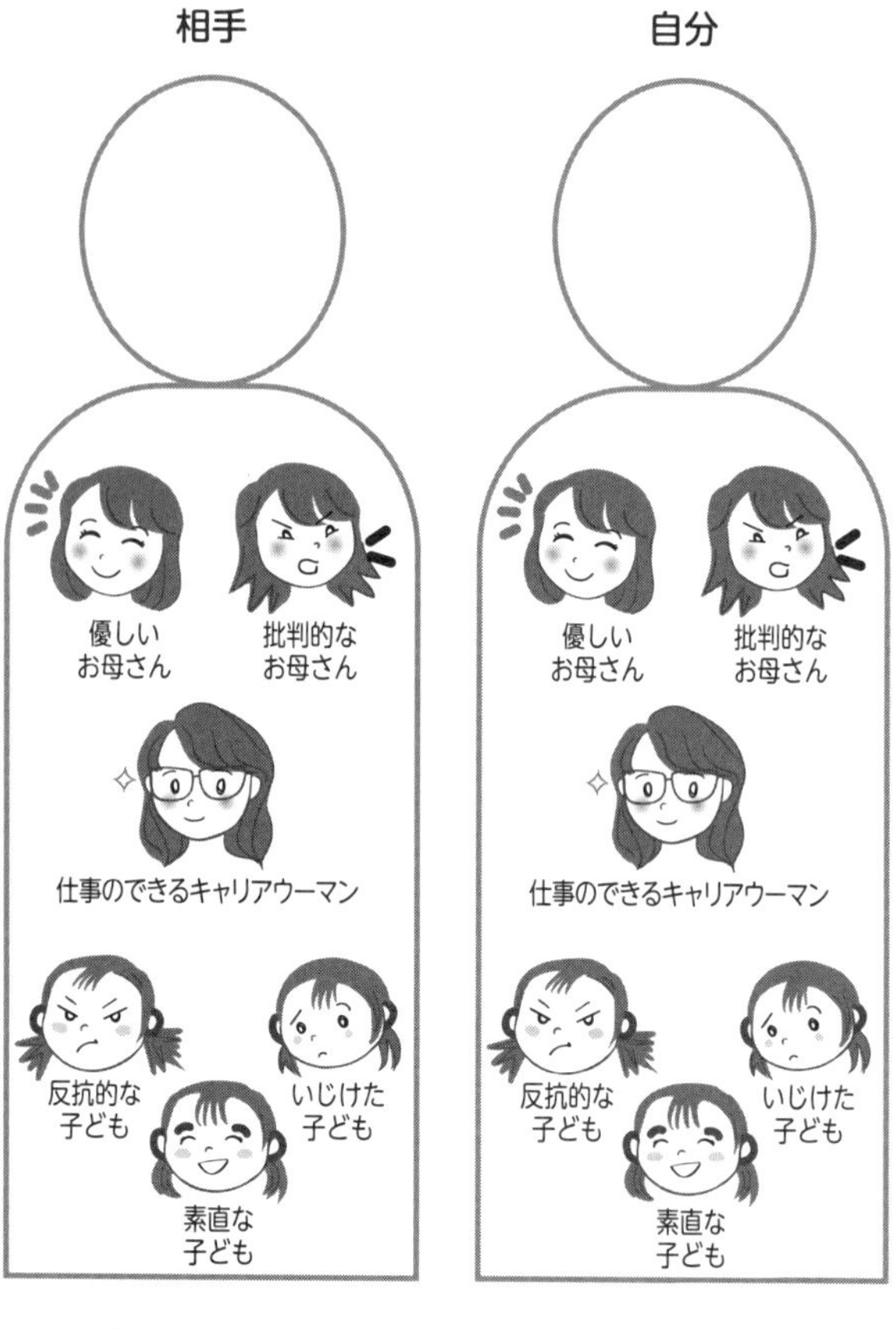

【相手と自分に内在する６人のキャラクター】

●青のアプローチを行う「青」の3人のキャラクター

6人のうち、「①優しいお母さん」「②仕事のできるキャリアウーマン」「③素直な子ども」は青のアプローチをするキャラクターです。1人ずつ詳しく見ていきましょう。

①　優しいお母さん

このキャラクターは、相手の話を穏やかな表情でしっかり聴き、受け止め、相手のことを理解しようとします。人の気持ちを気遣い、共感的です。また相手が必要としていることや、望んでいることに応えようとしてくれます。

子どもの頃、自分に対して優しく接してくれて、面倒を見てくれたり、包んでくれたりした、親のように影響を与えた人をイメージしてください。その人が自分の中にも相手の中にもいる「優しいお母さん」のキャラクターです。「優しいお母さん」は、「あなたは○○ね」と相手を中心に会話を進めます。何か問題を指摘するようなときも、「○○するな」ではなく、「○○しなさい」「○○すればできる」と肯定的な表現で伝えます。

●「優しいお母さん」のアプローチ例
・「体調はどう?」
・「あなたはこんな風に感じているのね」
・「何かお手伝いしましょうか」
・「私はあなたのことを応援しています」

② 仕事のできるキャリアウーマン

このキャラクターは、理性的・論理的・合理的で、感情に流されることはありません。冷静に相手から情報を求め、求めた情報をそのまま受け取り、自らも情報を発信します。とにかく情報交換を得意としています。

問題解決思考で、物事を客観的に分析し、対策を立て、実行していきますので、問題解決が早く、仕事をバリバリこなしていくタイプです。コンピューターのようなイメージです。

●「仕事のできるキャリアウーマン」のアプローチ例
・「○○の件について、教えていただけませんか」
・「あと何分でできますか？」
・「あなたのおっしゃっていることは、要約するとこういうことですね」
・「この課題を何時までに仕上げてください」

③　素直な子ども

このキャラクターは、自分がどのように感じているのか、喜びや、腹立ち、悲しみや、恐れなどをそのまま言葉にするので、感情表現が豊かです。また自分が欲しいモノ、したいことも口にします。「優しいお母さん」は「あなたは○○ね」と相手を中心に会話を進めましたが、「素直な子ども」は「私は○○」と主語は自分です。自発的で、自由で、オープンな性格で、歯に衣着せぬストレートな表現をします。この子どものキャラクターも、大人の中にも必ず存在するキャラクターの１人です。

●「素直な子ども」のアプローチ例

・「楽しい」「嬉しい」「悲しい」「素敵」「がっかり」

・「私は○○したいです」

・「私は○○が欲しいです」

・「それってすごく面白いですね」

3　青のアプローチを行う3人が創る、人との素敵な関係

青のアプローチを行う３人のキャラクターは、自分の中にも相手の中にも必ずいます。自分の中の青のキャラクターと、相手の中の青のキャラクターがやりとりしているときというのが「青のコミュニケーション」が行われている状態です。

では、どのような関係が創られるのかを見ていきましょう。

●「優しいお母さん」と「優しいお母さん」の関係

人に対して理解を示し、面倒見の良い「優しいお母さん」同士が会話をすると、第三者に対して「○○さんは頑張っているわよね」「○○さんに対して私たちはこんなことができるのではないかしら」と意見交換をします。

お互いの理解を深め、協力・応援しながら、何かを創り上げていこうとする関係が築けます。

●「優しいお母さん」と「素直な子ども」の関係

お母さんと子どもの関係なので、うまくいっている親子関係をイメージすると分かりやすいでしょう。「優しいお母さん」は、子どもの面倒も見ますし、応援もします。ときにはアドバイスや励ましなどの言葉を投げかけます。

一方の「素直な子ども」は、「優しいお母さん」に甘えたり、頼りにしたりします。そして、「優しいお母さん」はその子どもの期待に応えようとします。期待に応えてくれるお母さんに対

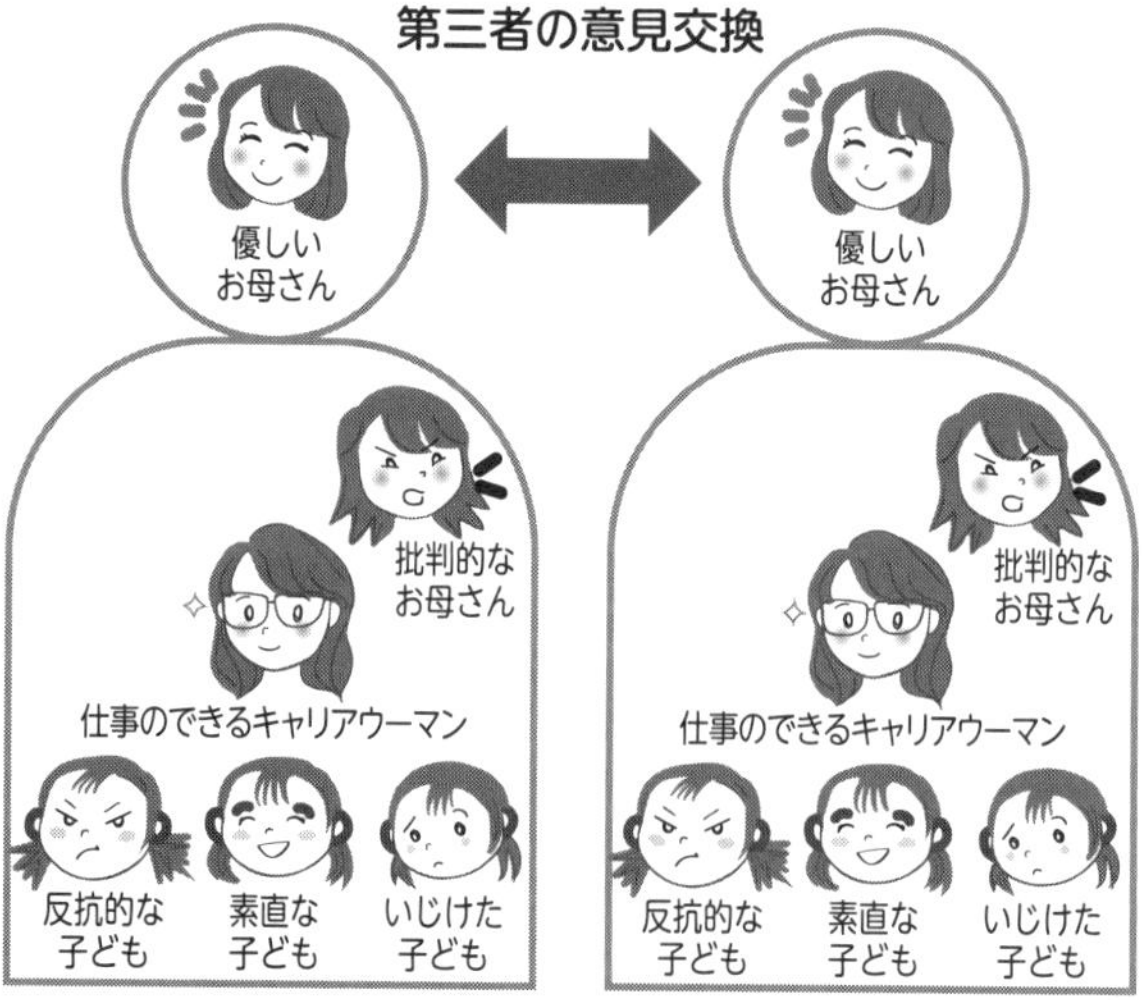

【「優しいお母さん」と「優しいお母さん」の関係】

して、「嬉しい」と素直に感情を表し、感謝の気持ちをストレートに伝えます。そして、またお母さんも嬉しい気持ちになり、「素直な子ども」をさらに応援します。

「与える」「受け取る」という関係ですが、お互いが喜びを感じられる、気持ちの良い関係を創ります。自分が「優しいお母さん」で相手が「素直な子ども」の場合や、その逆の場合もイメージしてみてください。

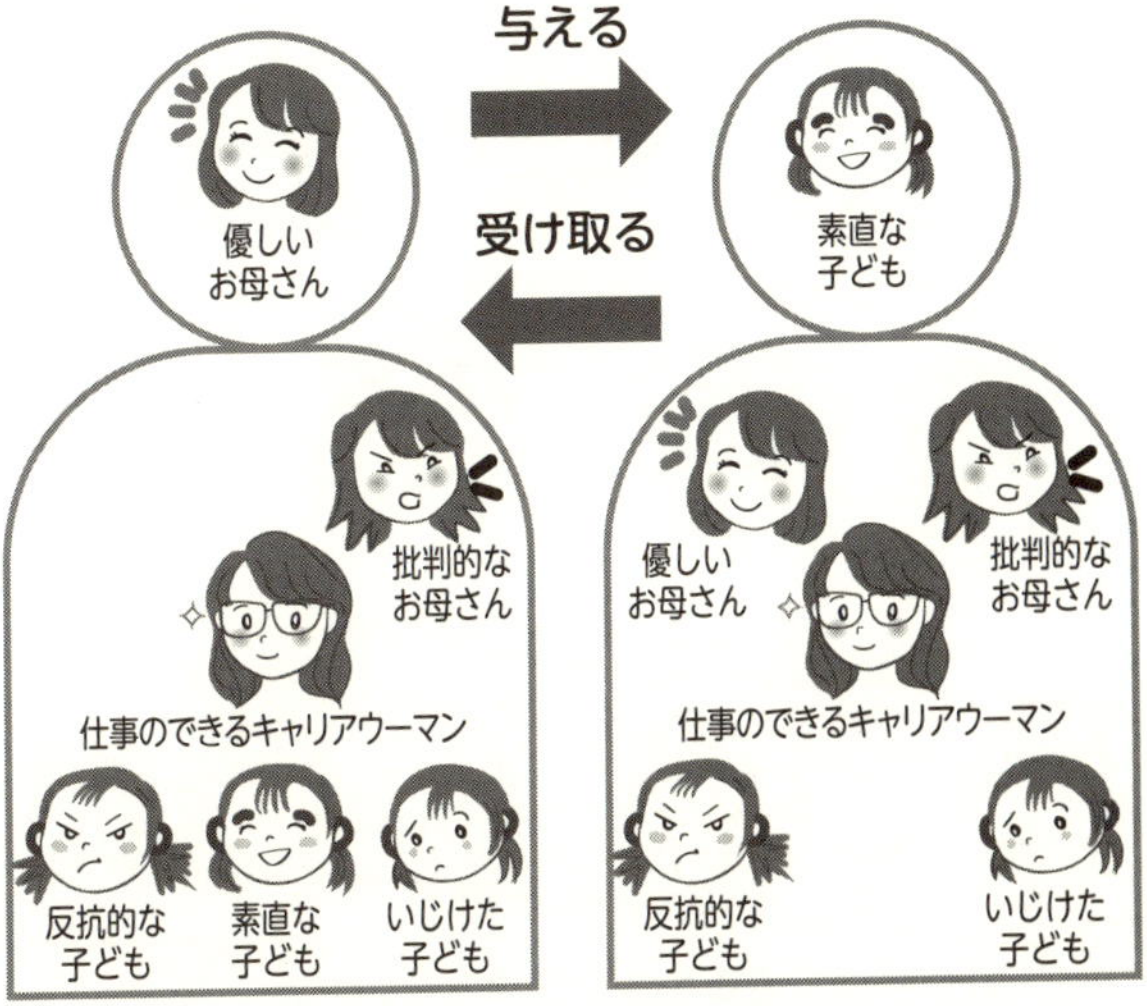

【「優しいお母さん」と「素直な子ども」の関係】

●「仕事のできるキャリアウーマン」と「仕事のできるキャリアウーマン」の関係

「仕事のできるキャリアウーマン」同士のコミュニケーションは、情報の交換が主となります。キャリアウーマン同士ですから、報告・連絡・相談の「報連相」を欠かしません。問題解決にも余念がありません。情報を取り込み、発信し、お互いが共有し、バリバリと仕事をこなしていきます。

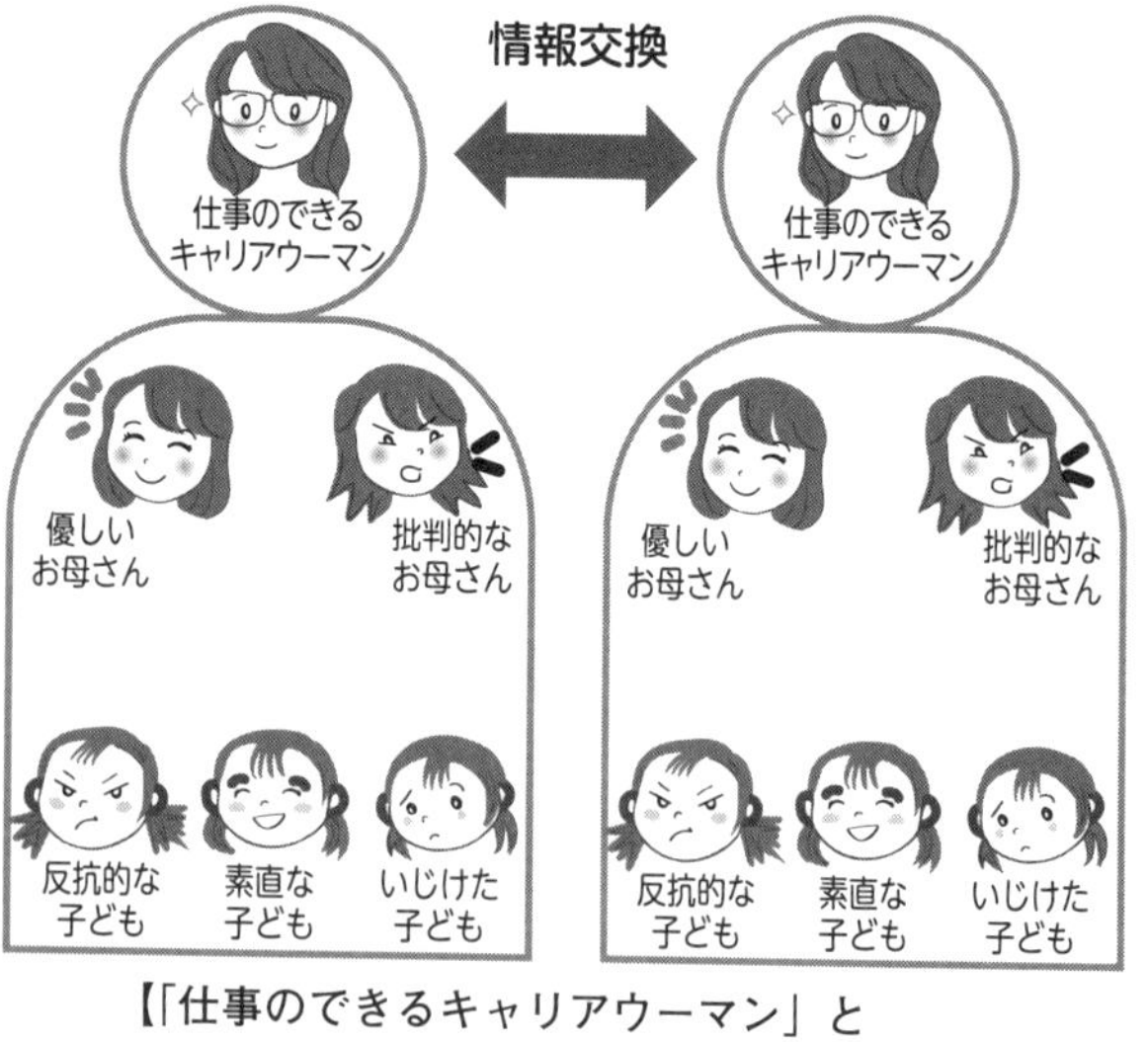

【「仕事のできるキャリアウーマン」と「仕事のできるキャリアウーマン」の関係】

●「素直な子ども」と「素直な子ども」の関係

「素直な子ども」は自分の感情をストレートに表現するので、「素直な子ども」同士のコミュニケーションは感情を分かち合い、共感できる関係が築けます。一緒に楽しんだり、喜んだり、悲しんだりすることができる関係です。無邪気に心を開きやすい関係でもあります。

「仕事のできるキャリアウーマン」は自分の中心にいて、他のキャラクターを制御してまとめています。客観

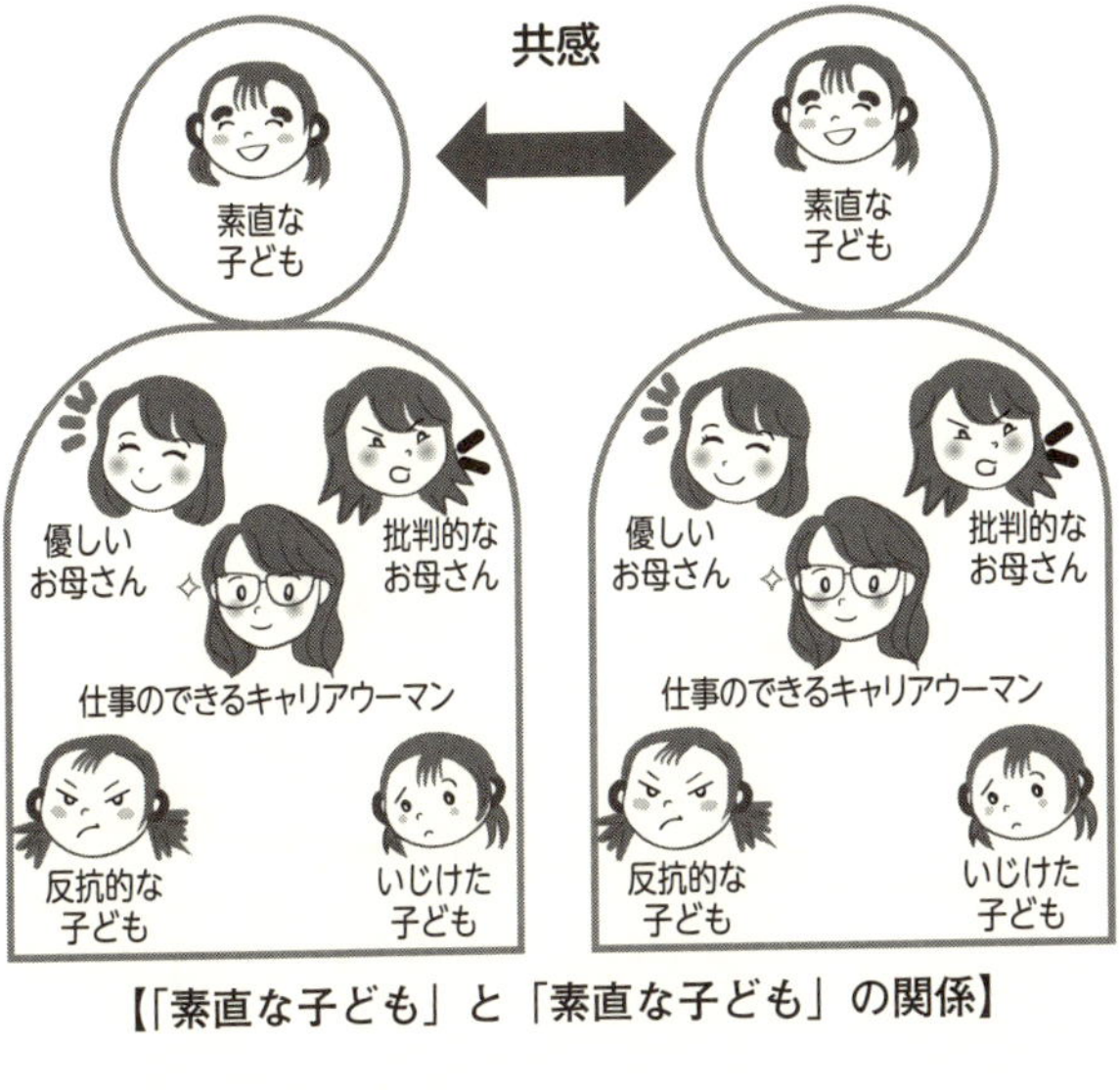

【「素直な子ども」と「素直な子ども」の関係】

的・合理的に情報交換する頭脳派の「仕事のできるキャリアウーマン」ですから、心情や感情をやりとりする「優しいお母さん」や「素直な子ども」との交流が続くことはほとんどありません。「仕事のできるキャリアウーマン」同士の会話では、気持ちが通わないので、味気ないものになりがちです。その際に、「優しいお母さん」や「素直な子ども」のキャラクターで対応することによって、相手から「優しいお母さん」か「素直な子ども」を引き出すことができます。

4　そうは言ってもつい出てしまう赤のキャラクター

6人のキャラクターのうち、青のアプローチを行う3人のキャラクターがいつも人に対応していれば、素敵な関係が創れますが、ついつい顔を出してしまうのが赤のアプローチをする3人のキャラクターです。赤の3人のキャラクターを1人ずつ詳しく見ていきましょう。

④　批判的なお母さん

「優しいお母さん」と対比していて、「批判的なお母さん」は相手のことを理解しようとするのではなく、いつも批判的です。相手を見くだし、声を荒げて怒ります。頭ごなしに決めつけて「○○すべきだ」「○○は良くない」と相手のことを否定します。表情は目がつりあがり、人から恐がられることが多いです。人が正しいことをしているときよりも、間違ったことをしているときをとらえては、ここぞとばかりに大きな声で指摘します。

「優しいお母さん」と同様に、相手のことを中心とした会話をしますが、内容は、何事につけても白黒つけたがり、「正しい・間違っている」「良い・悪い」と判断します。よくガミガミ子どもに対して怒鳴っているお母さんを頭に浮かべてもらえれば、イメージしやすいです。

●「批判的なお母さん」のアプローチ例
・「あなたは○○をしなければならない」
・「それはあなたの欠点ですね。見直すべき」
・「そんなことをしていたら非難されても当然です」
・「それは正しい」「それは間違っている」

⑤　反抗的な子ども

まさに反抗期の自分を思い出したり、親などに対して反抗している小さな子どもを想像したりするとイメージしやすいでしょう。問題に対して過剰に反応し、怒りを強く持ち続けます。相手の話を聴こうとせず、すべてに対して反対し、相手が望むことをやろうとしません。

また一見したところ「反抗的な子ども」とは分かりませんが、言われたことに対して、やらなかったり、中途半端な状態にしたり、やり方を勝手に変更するのも、「反抗的な子ども」です。直接は表現しませんが、勝手に期限を先延ばしにしたり、指示されたことを忘れてやらなかったり、間接的に反抗を表現します。

●「反抗的な子ども」のアプローチ例
・「そんなことやりたくありません」
・「それは私の落ち度ではありません」
・「イヤです」
・「私はそのようなことをやるのは意味がないと思います」

⑥　いじけた子ども

相手と目を合わせず、うつ向き加減で小さな声ではっきりしない言い方をするのが

「いじけた子ども」の特徴です。いつもこんな自分ではダメだ、自分にはそんなことできないと、自分のことを小さく表現します。自信がないので、自分の意見や感情を表現せずに、相手の望むことを考え、相手の欲しい答えを返そうとします。断ることも苦手なので、人からお願いされたり、誘われたりすると、なかなかイヤとは言えません。

「いじけた子ども」は、人に対して異議をとなえるようなこともなく、人からのお願いを引き受けたりするので、一見いい子ちゃんに見えますが、自分で自分のことを卑下し、自分の気持ちに蓋をし、我慢しています。いつも相手に気を遣っている状態なので、「いじけた子ども」でいることはアプローチしている本人が幸せとは言えません。

●「いじけた子ども」のアプローチ例

・「それは私には無理です」
・「私なんてどうせそんなことはできません」
・「それでいいです」
・「私も同じです」

5　赤のキャラクターが創ってしまうイライラもやもやの関係

赤のキャラクターは相手の赤のキャラクターを引き出しやすいという特徴があります。赤のキャラクターが創ってしまう赤の関係を見ていきましょう。

●「批判的なお母さん」対「反抗的な子ども」「いじけた子ども」の関係

たとえば、相手が「批判的なお母さん」で自分のことを批判したとします。そうすると自分の中の「反抗的な子ども」か「いじけた子ども」が反応することがほとんどなのです。「反抗的な子ども」が出やすいのか、「いじけた子ども」が出やすいのかは、人によっても異なりますが、どちらかのキャラクターを引き出します。そして、「批判的なお母さん」は、「反抗的な子ども」や「いじけた子ども」の態度にまた反応してイライラし、怒鳴り声が大きくなったり、相手のことをより強く批判したり支配しようとします。

「反抗的な子ども」の対応でしたらさらに反抗し、お互いのイライラが募り、関係性は一向に良くなりません。

「いじけた子ども」の対応でしたら、ますます自分自身に自信をなくし、小さな声になり「おまえはどう思っているんだ」と怒鳴られでもしたら、何も言い返すこともできません。「いじけた子ども」は、いつも何も言えずに、モヤモヤした状態を続けることになります。

自分が「批判的なお母さん」になっている場合も同様です。相手から「反抗的な子ども」か「いじけた子ども」を引き出してしまいます。

冒頭でAさんと一緒にいる私とBさんとCさんの状況を「青」と「赤」のコミュニケーションで解説すると、その関係がよく分かります。

Aさんは人と接するとき、主に「批判的なお母さん」の状態でコミュニケーションをとります。「批判的なお母さん」は赤のアプローチをするキャラクターです。Aさんの「批判的なお母さん」のアプローチに対して、私は「反抗的な子ども」で対応し、過剰に反抗するという状況が創られます。赤の状態である「反抗的な子ども」はさらにAさんの赤の状態、つまり「批判的なお母さん」を反応させ、ふたりは「赤」のコミュニケーションが続くのです。これではAさんも私もイライラしっ放しです。

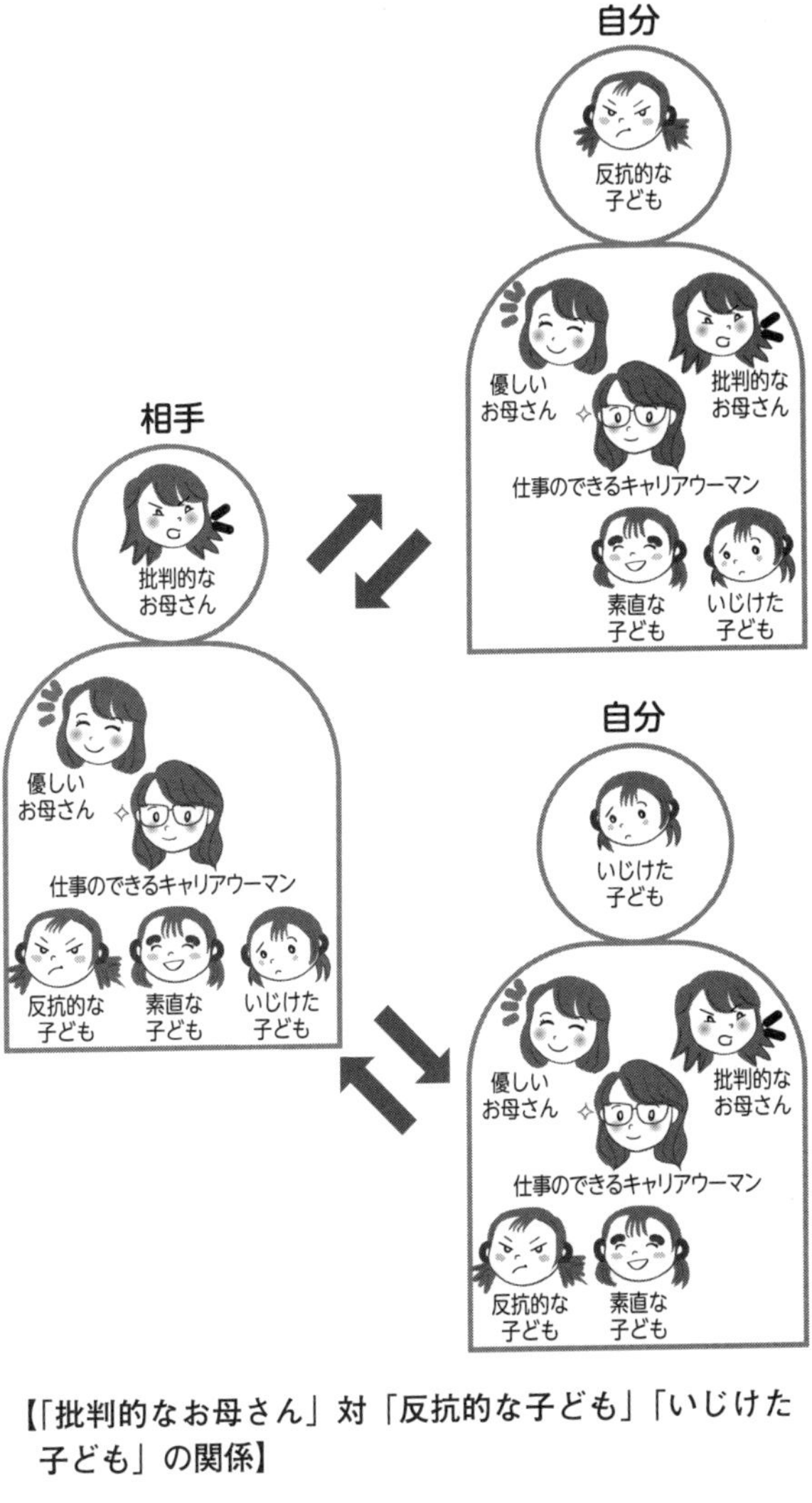

【「批判的なお母さん」対「反抗的な子ども」「いじけた子ども」の関係】

一方、「批判的なお母さん」に対して、「いじけた子ども」で反応してしまうのがBさんです。Bさんは「批判的なお母さん」から言われたことに対して、その矢が、私のように相手に向かうのではなく自分に向かい、自分を責めてしまいます。そして、そのようないじけたBさんの態度に、ますますAさんの「批判的なお母さん」は反応し、非難するということが続くのです。これではAさんはイライラし、Bさんはいじいじモヤモヤしてしまいますよね。

では、Cさんの対応はどうだったのでしょうか。Cさんは「素直な子ども」で「私は悲しい」と自分の感情を表現してAさんにアプローチしています。「素直な子ども」は青のアプローチをするキャラクターなので、「赤」のコミュニケーションがいったん中断されます。もちろん、1度の青のアプローチだけで必ずしも相手から青のアプローチが返ってくるとは限りません。しかし、青のキャラクターでアプローチをすることは、相手の青のキャラクターを誘うことになります。

Cさんの「素直な子ども」での青のアプローチで、Aさんの「優しいお母さん」のキャラクターが顔を出しました。Aさんが私やBさんを嫌っていたわけでもありませんでした。

●「批判的なお母さん」対「批判的なお母さん」の関係

お母さん同士のコミュニケーションは、「優しいお母さん」同士と同様に第三者に対しての意見交換になります。人に理解を示す「優しいお母さん」と違って、「批判的なお母さん」同士は、「○○さんのここは間違っていますよね」と悪口になります。

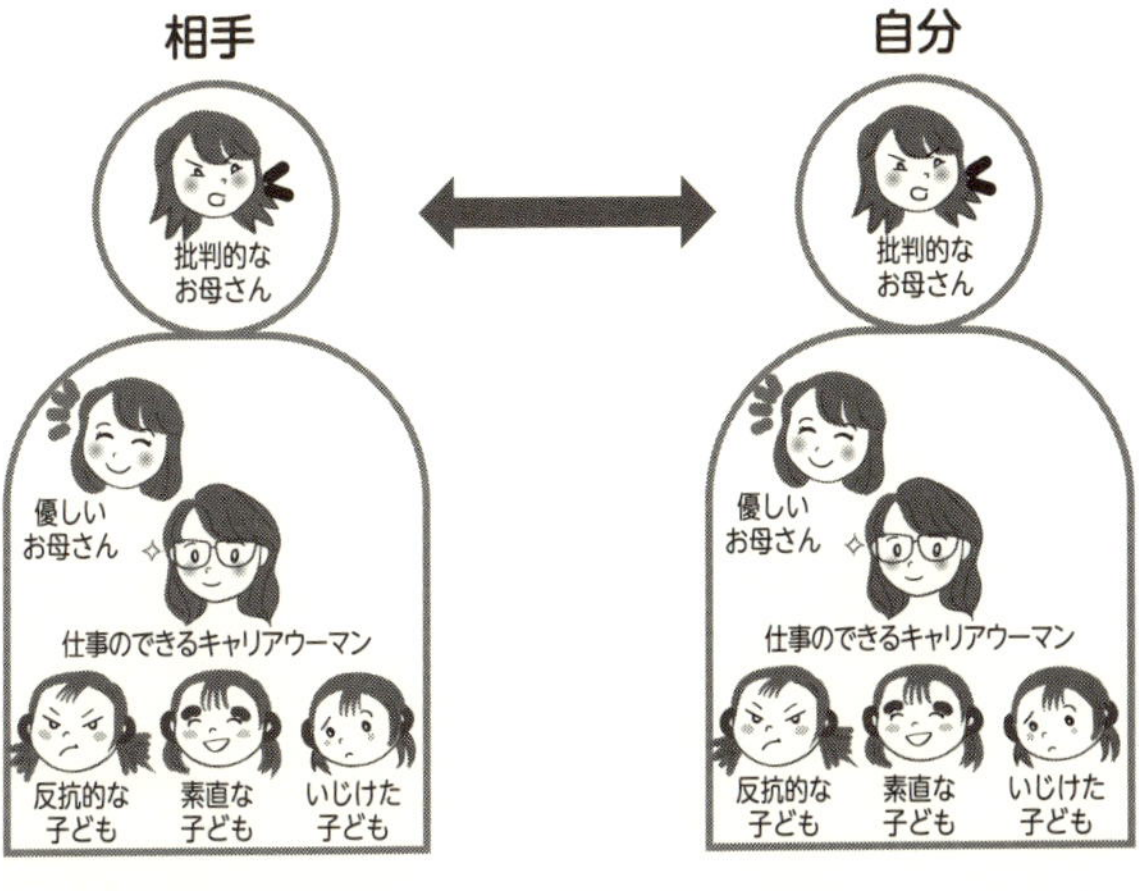

【「批判的なお母さん」対「批判的なお母さん」の関係】

●「反抗的な子ども」「いじけた子ども」対「反抗的な子ども」「いじけた子ども」の関係

「反抗的な子ども」同士でも、「いじけた子ども」同士でも、そして「反抗的な子ども」と「いじけた子ども」のコミュニケーションは、お互い別の方向を向いているので、何もかみ合わず、もはやコミュニケーションがとれない状態です。

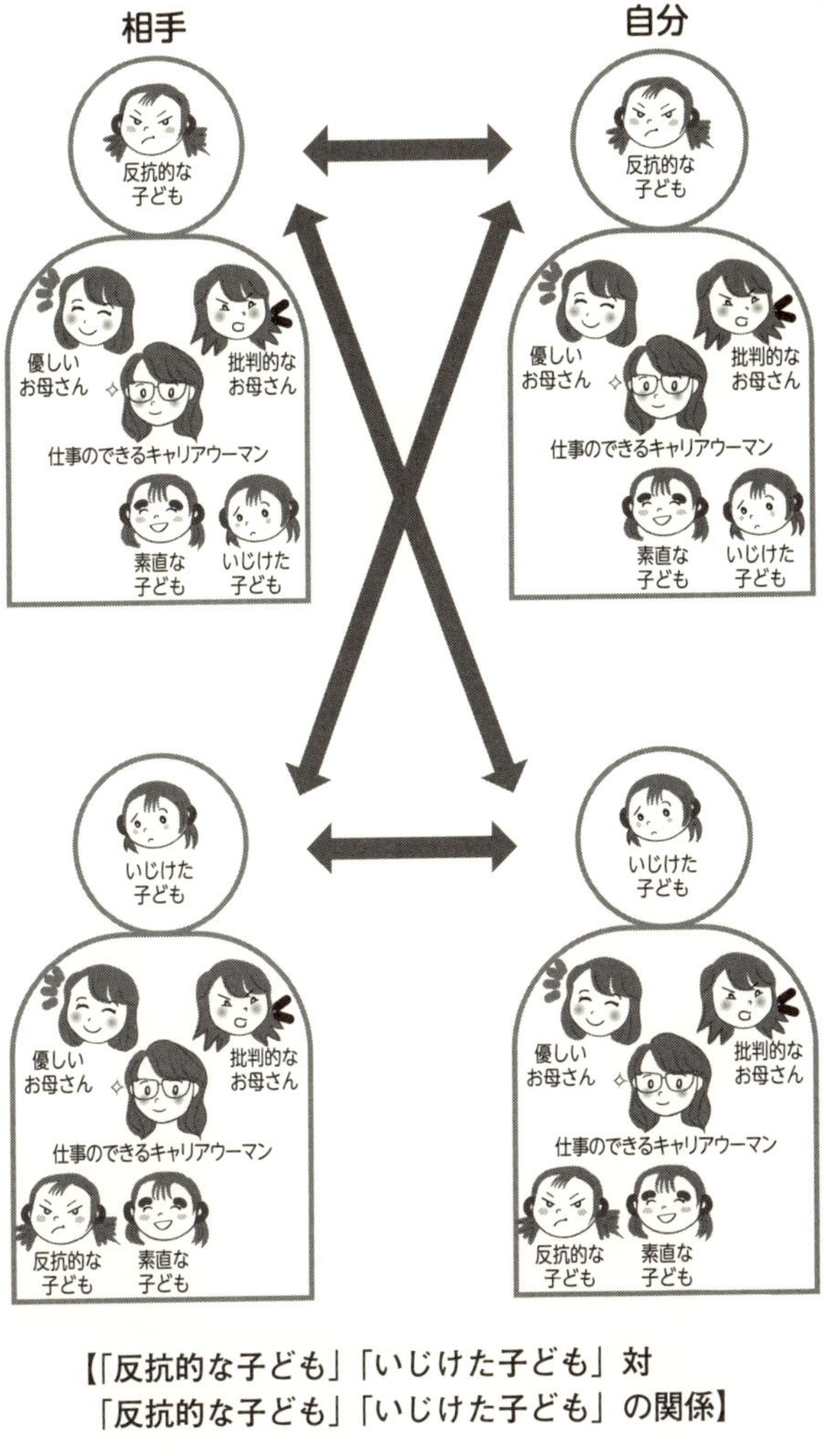

【「反抗的な子ども」「いじけた子ども」対
「反抗的な子ども」「いじけた子ども」の関係】

6 相手から欲しい反応を引き出すアプローチ

ここまで「青」と「赤」のコミュニケーションの特徴を見てきました。「青」のアプローチが相手の「青」のアプローチを引き出し、青のコミュニケーションが続くのであれば、まずは自分が常に「青」のキャラクターで対応することです。そうすれば、相手にとっても自分にとってもHAPPYな状態でいられることが多くなります。では、具体的に相手から欲しい反応を引き出すには自分がどのようなアプローチをすればよいか見ていきましょう。

●「優しいお母さん」を引き出す

「優しいお母さん」の特徴は、相手に対して理解があり、気を遣い、相手の期待に応えようとすることでした。その「優しいお母さん」を誘うには、自分が「素直な子ども」でお願いすることです。気持ちを込めてお願いしたら、「優しいお母さん」は放っておきません。

●「素直な子ども」を引き出す

自分の気持ちに正直で、欲求や要望、感情をそのまま表現する「素直な子ども」は子どものように純粋で無邪気なので、一緒にいると楽しめたり、癒されたりすることが多いでしょう。「素直な子ども」を引き出すには2つのアプローチがあります。1つは、「優しいお母さん」から発言することです。実際の親子の場面でも同じではないでしょうか。優しく、相手のことを思ってする発言や行動は、相手の心にダイレクトに響き、素直な感情表現を誘います。

もう1つは自分も「素直な子ども」になって感情や思いを共有することです。子どもと一緒にいると、大人でも無邪気にはしゃいでしまうのと同じですね。またテレビドラマなど、相手の感情が表現されるときに、ともに涙を流したり、スポーツを観戦していて思わず「おー」と声をあげたりするのも相手の「素直な子ども」の状態から引き出されていると言えるでしょう。

●「仕事のできるキャリアウーマン」を引き出す

理性的でもあり論理的、そして合理的な「仕事のできるキャリアウーマン」を誘うには、自分も同じ「仕事のできるキャリアウーマン」のキャラクターで、情報を尋ねたり、与えたり、考えを伝えるとよいでしょう。

第2章

HAPPYな青のコミュニケーションを実践

1　相手の状態を一瞬で見抜く方法

自分にも相手にも6人のキャラクターが存在して、場面や状況によって、そのうちの1人が顔を出し、相手と対応するということを見てきました。相手がどのキャラクターで対応しているのか瞬時に見分けることができれば、自分もそのキャラクターに対してどのキャラクターで対応すればコミュニケーションがうまくいくのか手を打つことができます。ここでは、相手の状態を一瞬で見抜く方法を見ていきましょう。

コミュニケーションの要素は5つあります。「言葉」「声」「表情」「姿勢」「身振り」です。私たちが相手に対して見ているものは「表情」「姿勢」「身振り」です。相手から聞いているのは「言葉」と「声」です。5つの要素のうちの1つだけでは、相手のキャラクターを見極めることはできません。

たとえば、「テレビを見ていたいのなら見ていてもいいわよ」と言われて、あなたはテレビを見続けるでしょうか？　この「言葉」で「優しいお母さん」をイメージした人もいますし、「批判的なお母さん」をイメージした人もいます。そのイメージつまり自分の頭の中に写っている映像や、聞こえている声の調子は人さまざまです。声は柔らかいトーンなのか、荒げた口調なのかによって、印象もだいぶ変わりますね。

　相手の「表情」を観てみます。目元は下がっているでしょうか、それともつり上っているでしょうか。怒った表情をしているのか、にこやかに微笑んでいるのか、相手の顔がモノを言っている場合がありますよね。

「姿勢」にも違いは出てくるでしょう。前のめりなのか、ふんぞり返っているのか、相手の肩に手を添えているのか、腕を組んでいるのかなど…。言葉よりも姿勢のほうに印象付けられることもあります。

「身振り」にも表れます。体を横にかしげて覗き込んでいるかもしれませんし、人差し指を突き刺して何度も振り下ろしているかもしれません。

「テレビを見ていたいのなら見ていてもいいわよ」と微笑みながら、自分の肩に手をあてて、顔を覗きこみながら柔らかい声のトーンで言われたら自分のことを理解してくれている、応援してくれていると思い、見ていたいテレビをそのまま見ているのではないでしょうか。一方で、ふんぞり返って、手を振り下ろし、怖い顔、荒げた口調で言われたら、怒られているように感じることでしょう。

前者が「優しいお母さん」で後者が「批判的なお母さん」です。このように、相手がどの状態であるかは、コミュニケーションの5つの要素のうち2つ以上の要素を見たり聞いたりして判断します。それぞれ6人のキャラクターの言葉にしがちなアプローチ例は第1章で前述しましたので、「声」「表情」「姿勢」「身振り」の特徴例を整理しておきましょう。

●優しいお母さん

【声】　柔らかく落ち着いている
【表情】　笑顔／微笑んでいる／心配そうな表情／優しいまなざし
【姿勢】　前かがみ／相手を覗きこむ／傾聴
【身振り】　うなずく／手を広げる／相手に手を添える

●批判的なお母さん

【声】　荒げている／とげとげしい／大きい／早口
【表情】険しい／目はつり上がっている／口元は下がっている
【姿勢】ふんぞり返って見くだす／腕や足を組む
【身振り】手を上から下へ振り下ろす／指を指す／机などを叩く

●仕事のできるキャリアウーマン

【声】　淡々としている／トーンが一定／はきはきしている
【表情】表情に変化がない／真面目そう／口角は上がっている
【姿勢】正しい／手や足をきちんと揃えている／背筋が伸びている
【身振り】指を揃え、手のひらを裏返して示す／身振りはあまりない

●素直な子ども

【声】　そのときの感情をそのまま声に表す／どちらかというと高い

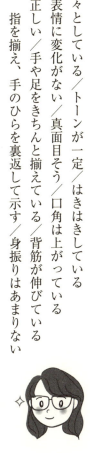

【表情】　感情の言葉と同じ表情
【姿勢】　本当の子どものよう／手を前で合わす
【身振り】　大きい／手を顔の近くに持ってくる／動きが素早く細かい

●反抗的な子ども
【声】　高くキンキンしている／どちらかと言うと早口
【表情】　嫌そうな顔／不機嫌
【姿勢】　本当の子どものよう
【身振り】　首を横に振る／手で突っぱねる／手を横に振る

●いじけた子ども
【声】　小さい／はっきりしない
【表情】　泣きそうな表情／困った表情
【姿勢】　うつむき加減／（人と目を合わせることは少ないが）上目使い

【身振り】　両手を胸元でもぞもぞと動かす

相手のことを観察していると、６人のキャラクターのうちどのキャラクターが対応しているのか、すぐに分かるようになってきます。そして相手の状態を一瞬で見抜いているのは、自分の中の「仕事のできるキャリアウーマン」です。「仕事のできるキャリアウーマン」は情報を収集・保存・発信するのが得意でした。相手の「言葉」「声」「表情」「姿勢」「身振り」の情報を総合的に取り込み、判断するのです。

ここで１つ思い出してほしいことがあります。「仕事のできるキャリアウーマン」は青のキャラクターでした。もし、相手が赤のアプローチをしてきたとしても、「相手のキャラクターを見分ける」ことに集中することで、自分を青の状態に保つ、もしくは赤から青にシフトすることができるのです。

相手の状態を見抜くのと同様に、自分がどの状態にいるのかも判断することができます。自分のどのキャラクターが相手に対応しているのか意識することで、瞬時に「仕事のできるキャリアウーマン」になることができます。そして、この状況や場面では、自分の中のこの青のキャラクターが効果的だと指令を出し、そのキャラクターからアプローチしていくことが望ましいのです。

人によって、出番の多いキャラクターと少ないキャラクターの傾向があります。それが今までの自身を培ってきたのです。今まであまり使わなかったキャラクターからのアプローチは、慣れないかもしれませんが、意識的に使っていくことで、それがそのままの「自分」を表現していくことに変わっていきます。

それでは、青のコミュニケーションが多くなるように、具体例を見ながら実践していきましょう。

2　仕事編

仕事で活用できるのは圧倒的に「仕事のできるキャリアウーマン」のキャラクターです。仕事の人間関係においては、好き嫌いではなく人間関係を構築していかなければなりませんし、合理的に効率的に物事を進めていく必要があります。そのため、感情に流されず、気持ちに振り回されないスタンスが必要です。一般的には、女の人は感情に流されやすく、気持ちを大切にするので「仕事のできるキャリアウーマン」で居続けるのは難しいと言われています。

「仕事のできるキャリアウーマン」はコンピューターのような自分と考えてみるとよいでしょう。まずは、仕事に必要な情報を入力するために、正確・迅速に情報を集めます。情報を集めるために、うまく質問を使いこなします。

「仕事のできるキャリアウーマン」の仕事の進め方の例をご紹介しましょう。まず、仕事のゴール（目標）を設定します。ゴールが数値化されていて具体的で明確であればあるほど、そのゴールに向かうためのプロセスもはっきりしてくるでしょう。そして、現状を把握します。現状とゴールとのギャップが課題となります。課題とは、目標をより確実に達成するために、高めたり、磨いたり、作ったり、強化することです。課題がはっきりすれば、そのために、どのようなことをしていけば、コストを抑え効率よくできるのか、冷静に客観的に判断しやすくなります。そして、行動計画を立て実践し、その結果を検証、そして改善していくということを繰り返すことで、さらに仕事の効率化が図れるでしょう。

図１

	内　容
現状	
課題	
対策	
ゴール	

このように、前頁図1のフレームに当てはめて考えていくことで効率よく仕事を進めていくことを「仕事のできるキャリアウーマン」は得意としています。さらに具体的に行動に移していけるように、いつまでに、誰が、どこで、何をどれだけの数をやるのか決めていきます。これらの情報を、職場内の人や顧客に対して問いかけ、効率よく進めていきます。

女性の活躍がいっそう期待される昨今ですが、まずは職場の人間関係について見ていきましょう。たとえば前述したような「仕事のできるキャリアウーマン」の状態の女性が自分の上司だとしたらどうでしょうか？　上司は現状やゴール、そしてそのプロセスをしっかりと情報として受け取ろうとするでしょう。だからあなたも「仕事のできるキャリアウーマン」の状態で、思考を働かせる必要が出てきます。物事を整理し、無駄なく報告できるようにしておきましょう。「仕事のできるキャリアウーマン」は、相手の「仕事のできるキャリアウーマン」を誘うので、相手からも建設的な意見が引き出しやすくなり、仕事もスムーズに進むでしょう。

このようにビジネスシーンにおいては、「仕事のできるキャリアウーマン」でいることができれば上司としても、部下としてもよいのですが、時には優しくアドバイスをくれたり、フォローしてくれたりする存在も欲しいもの。とくに上に立つ役割を担う人は「優しいお母さん」のキャラクターを活用したいものです。

上司が「批判的なお母さん」の状態で対応するとどうなるでしょう？　もしチームで仕事をするような場合、相手の「反抗的な子ども」か「いじけた子ども」を引き出すので、チーム全体のモチベーションを下げ、意識を低下させてしまいます。モチベーションアップは組織で仕事をするうえでは重要なテーマの1つです。「批判的なお母さん」の状態で「なぜそのようなことをやっているのか」という質問をしたとすると、部下や後輩は自分がやっていることが否定された気持ちになり、相手から言い訳を引き出すことにもなりかねません。

自分が「批判的なお母さん」の立場で、第三者のことについて批判をしたとします。大抵の場合、相手からも「批判的なお母さん」を引き出しますので、チームの中でゴシップが始まります。ゴシップが始まると、本音を言えなくなったり、信用できなくなったりと、チームの信頼関係を築くことができなくなります。早い時点で自分が「批判的なお母さん」でいることに気づき、「次はどうしたらうまくいくと思う？」と「優しいお母さん」もしくは「仕事のできるキャリアウーマン」にシフトすることが大切です。

先輩やマネージャーという立場になったら、とくに注意が必要です。自分にヒステリックな「批判的なお母さん」の上司がいたとしたらどうでしょう？　会社に行くのが憂うつになりますよね。その状態が長期に続くとなると、本当に病気になってしまうかもしれません。上に立つ場合には、より「優しいお母さん」を意識することが大切でしょう。

職場で「素直な子ども」のキャラクターはどうでしょうか。目標を達成したときに一緒に喜んだり、手をたたいたりするシーンでは、場の一体感が得られ良い雰囲気が築けます。また「素直な子ども」はアイディアの発想が豊かなので、ブレーンストーミングといった枠を作らずに意見を出し合う場に有効です。

ただし「素直な子ども」は青のキャラクターではありますが、職場に実際の子どもが似つかわしくないように、出し過ぎると周囲にとっては厄介なことになります。たとえば、悲しいことがあったらすぐに泣く、腹立つことがあったら腹立つままに怒っていたのでは、周りもやりきれません。ときに悩み事などを打ち明けたり、自分の気持ちを正直に伝えたりすることは、「優しいお母さん」を引き出し周囲からの理解を得られやすいということがありますが、TPOをわきまえることだけは忘れないでいたいものです。感情に振り回されそうになったときこそ「仕事のできるキャリアウーマン」を発揮してくださいね。

自分が「反抗的な子ども」のときには、どのようなことをしているのでしょうか。上司に逆らっていませんか。「私の落ち度ではありません」と怒って、相手の話を聴き入れなかったり、責任転嫁したりしていませんか？　また、「反抗的な子ども」には一見思えないのですが、ルールを守らないケースも「反抗的な子ども」といえます。たとえば、期限が決められているもの、持参するもの、マニュアルがあるものなど、仕事においてルールに従って働くことはベースになりますが、これらを守ることができなければ、「反抗的な子ども」なのです。本人に自覚がないぶん、より厄介かもしれません。まずは自分が赤の状態でいることに気づき、青のキャラクターに対応させるようにしてください。

仕事において「いじけた子ども」のキャラクターが顔を出すと、自分がかなり辛い思いをすることになるでしょう。相手に合わせ、断ることができないため、人の仕事まで抱えてしまったり、自分のやりたくない方法でやらざるを得ない状況に自分で追い詰めたりということが多くなります。

仕事の延長上で飲みに誘われて、内心「行きたくないな」と思っていても、苦笑いしながらも最後まで付き合ってしまうのが「いじけた子ども」の特徴です。自分自身が「いじけた子ども」でいることに気づいたら、「素直な子ども」で、自分の気持ちを伝えるようにしましょう。また、「仕事のできるキャリアウーマン」で自分の考えを伝えるのも一法です。

★こんなに違う青と赤のコミュニケーション

ある上司の下で、XさんとYさんが働いていました。Xさんは「素直な子ども」の状態が多い部下です。Yさんは「反抗的な子ども」がちょくちょく顔を出す部下でした。Xさんはどちらかと言うと、ミスが多くあまり仕事のできるタイプとはいえません。しかし、上司に注意されたことはきちんと受け止め、言われたことはそのまま行動に移していきます。

一方のYさんはとても美人で、背筋をぴんと伸ばした姿勢が印象的でした。知識も豊富で優秀な人でしたが、上司の言うことを素直にやりません。自分のやり方を押し通し、決められた方法を勝手に変える、時間を守らないということがしばしばありました。上司はYさんに何度か注意をするのですが、一向に直らないので、Yさんに接している上司はイライラしています。

あるとき、上司がプレゼンをする機会があり、その際、XさんとYさんが次のようにコメントしていました。

Xさん「上司の○○さんのプレゼンはいつも本当に学ぶことが多くて、聴くのがとても楽しみなんですよね。このような機会が得られるのはすごく恵まれていると思います」

Yさん「○○さんのプレゼンを時々聴いています。でも、学ぶことはそんなに多いわけではないですよ。○○さんと私では状況や立場も違うので、さほど自分の仕事と結びつくことはありません」

このような違いがあるXさんとYさんですが、2人と接する上司の態度が明らかに違ってきました。上司が意識して差別していたわけではありませんが、上司も2人の態度によって引き出されやすいキャラクターがいるのです。Xさんに対して上司は「優しいお母さん」の状態で接していることが多く、連絡事項に加えアドバイスやフィードバックを行っています。一方Yさんに対しては、「仕事のできるキャリアウーマン」で連絡事項を伝えるだけです。ときにはYさんの対応に怪訝そうな顔をして「批判的なお母さん」で声を荒げることもありました。上司は他の人に対して「Xさんは何でも吸収するから、成長が楽しみだ」と言っていましたが、Yさんのことは「彼女に対してはあまり期待していない」と言っていたのです。

その後、あるプロジェクトが立ち上がりました。会社のメインともなるようなわくわくするプロジェクトに加わりたいと思う社員が多いなか、Xさんは見事にメンバーに抜擢されました。推薦したのは上司です。残念ながらYさんは選ばれることはありませんでした。

XさんとYさんでは、同じ上司でもその後のコミュニケーションが違ってきますよね。この積み重ねの違いで、人生が大きく変わってくることが想像できそうです。


次に、お客様との場面を考えていきましょう。営業の場面でも同じように「仕事のできるキャリアウーマン」がよく使うフレームに情報を入れていくことで、うまくいくケースが増えます。この中に入れていくのは、お客様のゴール・現状・課題・対策です。そして、その対策の中に、自分たちが扱っている商品やサービスを提供していくのです。

お客様のゴールはニーズと言ってもいいでしょう。ニーズの背景には、お客様の夢や希望が反映されていたり、悩みや不安が影響したりしています。これらを引き出すには、

「仕事のできるキャリアウーマン」の他に、「優しいお母さん」と「素直な子ども」にも登場してもらうと、さらにコミュニケーションの幅が広がります。その対応については後述します。

「仕事のできるキャリアウーマン」は感情に揺さぶられないキャラクターでした。しかし、人は物事を決断したり、行動を起こしたりする際、感情を開くからこそ動くとも言えます。そのためには、「仕事のできるキャリアウーマン」だけでは、人を動かすところまでいきません。感情を引き出すためには、相手の「素直な子ども」に出てきてもらう必要があります。「素直な子ども」は要望などを率直に伝えてくれるため、その要望に応えることができれば、ビジネスは合意しやすいことが多いのです。営業の仕事など、人とのコミュニケーションが鍵となる仕事では、相手と気持ちを交わすことがとても大切になります。「素直な子ども」を誘うためには、自分が「優しいお母さん」もしくは「素直な子ども」になることです。

○『青のキャラクターが展開する仕事例』ハウスメーカーの営業

あなた「お客様にとって、家を建てるにあたり、これだけはどうしても外せない大切なことというのは何ですか（仕事のできるキャリアウーマン）」

お客様「う～ん。そうですね。間取りですかね（仕事のできるキャリアウーマン）」

あなた「間取りとおっしゃいますと…もう少し詳しく教えていただけませんか（仕事のできるキャリアウーマン）」

お客様「家族が集まるリビングを家の中心に置きたいと考えています（仕事のできるキャリアウーマン）」

あなた「リビングを家の中心にということですね。それは賑やかなおうちになりそうですね（素直な子ども）。そう思われた背景をお伺いできませんか（仕事のできるキャリアウーマン）」

お客様「今住んでいる家のリビングが狭くて、食事が終わるとそれぞれが各自の部屋にこもってしまって、家にいても会話がほとんどありません。だから、家を建てるのであれば、子ども達がリビングを必ず通る動線にして、妻と私がいつでも子ども達の様子を見守っていられるような、家族のつながりを感じられるような空間にしたいんです（素直な子ども）」

あなた「それは素敵ですね（素直な子ども）。私たちに何かお手伝いさせていただけることはありませんか（優しいお母さん）」

お客様「それでしたら、一度そのような配置図があったら見せてください（素直な子ども）」

あなた「それは喜んで（素直な子ども）。ありがとうございます」

このように、相手の夢や希望などを聴き、それに対してあなた自身が驚いたり、ワクワクしたりすると、お客様の気持ちを盛り上げることができます。もしくは悩みや不安を聴き、その気持ちに寄り添うことで、お客様はより心を開いて話をしてくれることでしょう。

そして、夢や希望を叶えるために、悩みや不安を解消するために、何かお客様のためにできることはないか、「優しいお母さん」から提案をすると、お客様も聞き入れやすくなります。そして、人は自分にメリットがあると感じられると、提案に合意しやすいのです。

★都会と地方では受け入れられるキャラクターが違う?!

同じ仕事の場面でも、都会と地方では人との距離感が違います。都会であればあるほどお客様と接する場合でも、「仕事のできるキャリアウーマン」を前面に出したほうが効果的です。時間の進み方もよりスピーディーなので、無駄な会話も少なくし効率的な対応が求められます。ところが地方に行くほど、お客様との距離の取り方が近くなるので、〝親しみのあるコミュニケーション〟が求められる傾向にあります。名前を呼ぶ際にも「○○様」ではなく「○○さん」「○○ちゃん」と変わりますし、「最近、お体の調子はいかがですか?」といったプラスアルファの言葉がけを「優しいお母さん」のキャラクターでしたり、「素直な子ども」の状態で自己開示してお客様との距離を縮めることが鍵となることがあるでしょう。

かく言う筆者は金融機関を中心に研修講師をしているのですが、「優しいお母さん」

や「素直な子ども」のキャラクターが表に出ることが多いので、メガバンクよりも地方の金融機関での依頼が圧倒的に多いといったことがあります。

★「いじけた子ども」がよく使う「すみません」は「ありがとう」に

「いじけた子ども」がよく使う言葉として「すみません」があります。電話をかけても「すみません」、会議で発言する前にも「すみません」…。私が電話セールスの指導を行った際に、わずか5分の電話の中で10回以上「すみません」を連発している人がいました。この「すみません」という言葉は果たして誰に対して発している言葉でしょうか？　悪いことをしたわけではないのに、ほとんどの場合が「いじけた子ども」で自分は大した人じゃないと言っているかのようです。もし、相手に対して謝罪の気持ちを伝えたいのであれば、「申し訳ありません」「ごめんなさい」と言ったほうが伝わるでしょう。

「すみません」という言葉が口癖になっている人には、声が小さく、物事をはっきり伝えない人が多く見受けられます。お客様との応対の際に「すみません」を多用すると、自信がないように見えませんか？　自信がない営業マンから商品を買いたいと思う人は少ないのではないでしょうか。また、信用しにくいことでしょう。関係性においては相手の下に入ろうとしますから、営業ではお願いセールスになってしまい、断られるケースが多くなります。お客様の立場から考えても「すみません」と言われるよりは「ありがとう」と言われたほうがうれしいはずです。多くの場合、「すみません」という言葉は「ありがとうございます」と言い替えることができます。そうであるなら「ありがとうございます」に変えたほうが人生が明るくなると思いませんか。

３　恋愛編

恋愛関係であなたが相手と築きたいのは一体どのような関係でしょうか。まずそのことをしっかりと描いてみる必要があります。

一般的には、恋愛というとドキドキときめいたりする関係ですよね。そのためには相手と感情を共有するということが起こります。気持ちが表現されなければ、共有することはできませんので、まず自分から気持ちを表に出していって、相手が心を開きやすいようにしていきましょう。「大好き」「愛している」という感情をそのまま表現することができるのは「素直な子ども」です。相手にストレートに言葉で伝えるかどうかは別としても、相手に対する恋愛感情を、表情や姿勢、身振りなどで伝えます。声色が変わる人もいますよね。恋愛において、まず好きな人の前では「素直な子ども」のキャラクターを意識して対応させていきましょう。

「素直な子ども」は相手の「素直な子ども」を誘う傾向があります。もし相手も同じように自分に恋愛感情があるのならば、自分から「素直な子ども」でアプローチすることで、相手の気持ちを引き出すことができるかもしれません。

また、「素直な子ども」は相手の「優しいお母さん」を誘います。男性の中にも「優しいお母さん」のキャラクターはいるので、「素直な子ども」のキャラクターで甘えれば、相手が甘えさせてくれる可能性が高くなるのです。守ってあげたいという心理を引き出すのは「素直な子ども」のキャラクターでしょう。

○『青のキャラクターが展開する恋愛例』～好きな人がいる場合～

あなた「今日はお会いできてとても嬉しかったです。ありがとうございました（素直な子ども）」
相手「こちらこそありがとうございました。そう言っていただけると私も嬉しいです（素直な子ども）」
あなた「また会いたいです（素直な子ども）」
相手「そうですね（素直な子ども）。では、いつにしましょうか（仕事のできるキャリアウーマン）」

○『青のキャラクターが展開する恋愛例』～お付き合いしている人がいる場合～
あなた「今日はあなたと一緒にドライブしたいな（素直な子ども）」
相手「ドライブか、いいね（優しいお母さん）。どこに行きたい？（仕事のできるキャリアウーマン）」
あなた「海に行きたい（素直な子ども）」
相手「それじゃあ、海に行こうか（優しいお母さん）」

青のアプローチをしたからといって、必ずしも想う相手から良い返事がもらえるとは限りません。そこで相手の気持ちを操作しようという考えは捨ててください。もし良い返事がもらえなかったとしても、「素直な子ども」は、その残念な思いや悲しい気持ちを相手に素直に伝えることができます。

○『青のキャラクターが展開する恋愛例』～ふられてしまった場合～
相手「ごめん。君とは付き合えない（素直な子ども）」

あなた「はっきり言ってくれてありがとう。今はとても悲しい気持ちでいっぱいだけど、こうしてお話ができて良かった（素直な子ども）」

相手「うん。悲しい思いをさせちゃったけど、正直な気持ちを伝えてもらって嬉しかった（素直な子ども）」

恋愛の場面で「反抗的な子ども」のキャラクターはどうするでしょう？「反抗的な子ども」は自分の気持ちにさえも反抗してしまうので、好きなのに相手に「嫌い」と言ってしまうかもしれませんし、相手の嫌がることをしかねません。これでは想う人に、自分の本心は伝わりませんし、逆に相手のことを嫌っていると印象づけてしまいかねません。何よりも「反抗的な子ども」は相手の「批判的なお母さん」を引き出しやすいので、相手から嫌われてしまう可能性が高いのです。「反抗的な子ども」でアプローチしてしまって、ハッと我に返ったとき（「仕事のできるキャリアウーマン」にシフトしたとき）には時すでに遅し。「またやってしまった」と後悔することにもなりかねません。さらに、「反抗的な子ども」が出やすい人ほど、「素直な子ども」にはなれないと、この文章を読みながら反抗しているかもしれませんね。そのような人に「反抗的な子ども」を〝やめよう〟と言っても聞き入れてもらえないでしょう。「反抗的な子ども」をやめるのではなく、「素直な子ども」のキャラクターを出すことを意識するのです。「素直な子ども」が苦手な方は、まず自分の正直な気持ちを紙に書き出すことをお勧めします。そして、その気持ちのまま表現することを増やしていきましょう。また、周囲にいる「素直な子ども」からのアプローチが多い友人を観察して、その人だったらどのようなアプローチをするだろうか、真似してやってみるのも一法です。

どうぞ、あなたの人生をより素敵に彩るために、ここで反抗しませんように。

恋愛において、「いじけた子ども」はどうでしょうか？　「いじけた子ども」は「私なんか、あの人と付き合えるわけがない」といじけることでしょう。「好き」と言っても仕方がない。「どうせ、私なんか…」と自分をより小さな存在として扱っていきます。これでは相手も一緒にいても楽しくありません。恋愛も到底うまくいくとはいえないでしょう。そして「反抗的な子ども」と同様に、「いじけた子ども」は相手の「批判的なお母さん」を誘います。自分を卑下するあなたに、相手は魅力を感じるどころか、批判の呼び水となってしまうのです。それを避けたいのであれば、「素直な子ども」のアプローチを試してみてください。「素直な子ども」は同じ「子ども」のキャラクターなのでシフトしやすいのです。

「優しいお母さん」は相手のことを理解しようとするキャラクターでした。自分の話にじっくりと耳を傾けて話を聴いてくれる人が、日常の生活の中にどれだけいるでしょうか。自分に関心を持って、話を聴いてくれるあなたのことを、少なくとも嫌うことはないはずです。そして、「優しいお母さん」もまた「素直な子ども」のキャラクターを誘います。相手を甘えさせてあげてもいいですね。とくにバリバリのビジネスマンなど、人にあまり感情を見せない相手が、あなただけの前で「素直な子ども」を出すことができれば、それは特別な存在といえるのではないでしょうか。

○『青のキャラクターが展開する恋愛例』～好きな人がいる場合～

あなた「どのようなことをしているときが一番楽しいですか？（優しいお母さん）」
相手「車をいじっている時かな（素直な子ども）」
あなた「車をいじっているときが一番楽しいのですね。どんな風に楽しいの？（優しいお母さん）」
相手「うん。他のことを忘れて、車だけに集中して、わくわくするんだよね（素直な子ども）」
あなた「そうなんですね。そしたら来週、一緒にこの車の洗車に行きませんか？（優しいお母さん）」
相手「えっ？ いいの？（素直な子ども）それはすごく楽しみ（素直な子ども）」

「エ～?!　洗車なんて楽しくない」と思われた方も少なくないのではないでしょうか？
実はこの会話は以前、テレビでイケメン俳優がインタビューに答えていた内容をアレンジしたものです。俳優が何をしている時が一番楽しいかと聞かれて、「車をいじっているとき」と答えました。その後、インタビューが進み、現在の奥様とのエピソードになったとき、俳優が「来週のデートはどこに行きたい？」と尋ねた答えが、この人と「結婚しよう」と決断した一言になったそうです。奥様の答えは「洗車」でした。

人は自分の価値観を理解し大切にしてくれる人のことを好きになります。「優しいお母さん」は相手のことを理解し、相手の大切にしていることを自分も大切にしたいというキャラクターでしたね。そして人は自分のことを大切にしてもらったと実感すると、大きな決断を踏み出すことができるのです。

「仕事のできるキャリアウーマン」は感情も出さず、冷静で合理的なので、あまり恋愛向きとは思えませんよね。しかし、情報交換を得意とする面を恋愛でも活かすことができます。人は自分に関心を持って、理解してくれる人のことを特別な人と認識し、逆にその人のことを知りたくなるものです。そのプロセスで感情に流されずに相手への質問を適切に行っていくことができるのは「仕事のできるキャリアウーマン」しかいません。ただし、このキャラクターのままで対応し続けると、相手も「仕事のできるキャリアウーマン」の顔しか出しませんので、味気のない関係になってしまいます。これではなかなか恋愛には発展しないでしょう。質問した答えに対して、「素直な子ども」もしくは「優しいお母さん」で対応することを忘れないでください。

ただし、「仕事のできるキャリアウーマン」であれば、恋愛においても戦略を冷静に立てることができます。先に紹介した「仕事のできるキャリアウーマン」が使っていたフレームは、何も仕事の場面だけではなく、あらゆる場面で応用することができます。

たとえば、ゴールを「年内に結婚する」としたとしましょう。現状は「1日の生活の中で、男性と接する機会がほとんどない」となると、課題は「男性と会う機会を増やす」ということが1つあげられます。その対策として、「同級生に電話をして、毎週金曜日に合コンの企画を立てる」ことにしました。実践することができれば、同級生と仲良くなれるかもしれませんし、合コンで素敵な方との出会いがあるかもしれません。結婚できるかどうかは約束できませんが、現状よりゴールに近づいていくことは確かです。

「批判的なお母さん」のキャラクターでは恋愛がうまくいかないということは容易に

想像に足りますね。自分のことを批判し、上から目線で接する人に対して、恋愛感情は生まれないのではないでしょうか。

ところがどうでしょう？　お付き合いが進み、倦怠期を迎えたカップルというのは「相手が〇〇してくれない」「こういう場合、〇〇するのが当たり前」と相手を責めるようなセリフが出て「批判的なお母さん」の状態でいることが多くなっているのではないでしょうか。付き合いだした当初はやってくれたことに対して、キャッキャッと「素直な子ども」で喜んでいたことも、いつしかやってもらって当たり前、喜びやときめき、感謝の気持ちも薄れ、相手の欠けているところに目がいってしまっているかもしれません。

「批判的なお母さん」は同じ「批判的なお母さん」や「反抗的な子ども」か「いじけた子ども」を引き出すので、相手も同じようにあなたを責めてくることもあるでしょう。いつケンカが始まってもおかしくありませんね。これでは自分が築きたい関係からは遠ざかることでしょう。そのようなことにならないように、気づいた時点で「青」のキャラクターを選んでアプローチしてくださいね。好きな人との関係がうまくいきますように。

★素敵な女性なのに、なぜ恋人がいないのか？

仕事でとても活躍している女性がいました、彼女はきれいなうえ、いつも笑顔を絶やさず好印象。男性からも女性からも人気があります。しかし、なぜか恋人はいません。とくに男性が苦手といった理由もなく、本人もいい人がいたらお付き合いしたいと願っているようです。一体なぜでしょうか？

彼女は常に誰といるときも「仕事のできるキャリアウーマン」なのです。彼女はプライベートでお酒を飲むときも、姿勢を崩すことはありません。酔って甘える姿も見たことがありません。いつも冷静で相手の話を穏やかに聴き、的確な判断で意見を言います。これでは、男性も入り込むスキがありませんね。

仕事を卒なくこなし、家事もてきぱきと得意なのに、なぜか周りに男性がいない。思い当たる節がある方もいることでしょう。ときには「素直な子ども」の状態になってはしゃいでみるとか、「優しいお母さん」のキャラクターで相手を包み込んでみてはいかがでしょうか。

●育てられた環境で「批判的なお母さん」が出やすい!?

仮に、とてもきれい好きで、家にほこり1つ落ちていないというお母さんに育てられたとしましょう。部屋にモノを出しっぱなしにしないというのは当たり前なだけでなく、物が少しでも曲がって置いてあれば、気になって仕方がありません。このような環境で育つと多くの場合、「部屋はきれいでなければならない」「完璧に掃除をするべきだ」と無意識のうちに「○○しなければならない」「○○すべき」ということが積もってきます。

そうすると、相手にも同じように求めるので、自分の基準に満たないと「批判的なお母さん」が出てしまいがち。これではなかなか恋愛が発展しない、もしくは破局してしまうということになりかねません。

4　家庭編

家族との関係は、社会での人間関係にとても影響を及ぼします。なぜならば、青と赤のコミュニケーションが、「仕事のできるキャリアウーマン」以外はお母さんと子どものやりとりで示されているように、成長してきた環境のなかで、自然にコミュニケーションのパターンを身につけているからです。お母さん（もしくはお母さんと同じような存在の人）と自分の間で創られた関係は、友達や恋人との間でも同じような関係を創っている可能性があります。たとえば、もしあなたがお母さんにいつも怒られて、自分に自信がもてずにもじもじしていたならば、友達や恋人の前でも、自分の意見や気持ちを伝えられず、もじもじしている可能性が高いでしょう。家族との関係を見直すことで、いつものパターンに気づくことができるかもしれません。

街で時どきお母さんがガミガミ怒鳴りちらし、幼い子どもが泣き叫び、さらにまたお母さんが「泣くのをやめなさい」と怒鳴っているような場面を目にします。お母さんもおそらく精一杯子育てしているのでしょうし、子どももお母さんに怒られたいなんて思っていないはずです。そして、泣いている子に怒鳴ったら、火に油を注ぐようなもの。泣きやませたいのであれば、「批判的なお母さん」で対応するよりも、「素直な子ども」で「ママも一緒に泣きたいよ」と気持ちを伝えたほうが効果的です。母親が子どもの前で子どものキャラクターになることに驚く人がいるかもしれません。しかし、子どもと同じ気持ちになって、悲しんだり、怒ったり、楽しんだりしたほうが、子どもから「素直な子ども」のキャラクターを誘うことができるのです。「素直な子ども」を引き出すことができたら、「優しいお母さん」から子どもを諭していけばよいでしょう。あるいは「仕事のできるキャリアウーマン」できちんと話をして、子どもから「仕事のできるキャリアウーマン」を引き出すこともできます。小さな子どもの中にも、判断できる能力が芽生えてきたら、「仕事のできるキャリアウーマン」は確実に存在します。

もし、前述した親子がこの場だけで「赤」のコミュニケーションが終わっているのであれば問題はないのですが、日常の多くの場面で母親が「○○しなさい」「○○してはいけない」と「批判的なお母さん」で対応しているとしたら、子どもにとってはかなりキツイ状態です。なぜならば、「反抗的な子ども」か「いじけた子ども」を誘われるからです。赤のコミュニケーションが続くと、緊張した空気が張りめぐらされて、落ち着けません。「素直な子ども」が出にくくなるともいえるでしょう。

先に書きました「テレビを見ていたいのなら見ていてもいいわよ」と言われたときにテレビを見続けるかどうかという質問に対して、恐いお母さんの顔が浮かび、怒鳴り口調の声が聞こえてくるようでしたら、赤のアプローチをしがちな自分がいるかもしれませんので、振り返ってみてください。

家族の中に「素直な子ども」のキャラクターが表に出やすい人がいると、楽しい家庭を築くことができます。たとえば、アウトドア好きのお父さんなど、イメージしやすいでしょう。子ども心を忘れずに、自然の中で、感じたことを感じたままに言葉にし、自分がやりたいことを宣言する。そして、行動していく。「素直な子ども」は相手の「素直な子ども」を誘うので、一緒に行った家族も心を開いて、気持ちの通う関係が創られるでしょう。また、家族で楽しめる趣味などもあるかもしれませんね。「素直な子ども」は相手の「優しいお母さん」のキャラクターを引き出します。「優しいお母さん」は家族の思いを叶えてあげたいという気持ちが強く、包容力があるので、家族に安心感を与え、家族のやりたいことを後押しします。だから、自分のやりたいことを実現する可能性を広げるために、あなたもどんどん「素直な子ども」で気持ちを表現してみましょう。

○『青のキャラクターが展開する家庭例』休みの計画

あなた「夏休み、どこかに行きたいな（素直な子ども）」

お父さん「いいね、家族でどこかに行けたらいいな（優しいお母さん）。お父さんは山にキャンプに行きたいなあ（素直な子ども）」

あなた「キャンプ、久しぶりだね。でも私は山より海のほうがいいな（素直な子ども）」

お父さん「海に行きたいのか（優しいお母さん）。お母さんはどちらがいい？（仕事のできるキャリアウーマン）」

お母さん「どちらでもいいわ（仕事のできるキャリアウーマン）。あなたたちの行きたいところならどこでも（優しいお母さん）」
お父さん「海も山もあるキャンプ場ってどこかあるかな？（仕事のできるキャリアウーマン）」
お母さん「10年前くらいに行った、あそこのキャンプ場は海も山も楽しめたわよね（仕事のできるキャリアウーマン）」
お父さん「あ～、あそこか、いいな（素直な子ども）」
あなた「どこ、どこ？　楽しみ～（素直な子ども）」

もし、あなたが幼いころから、親に対して自分の感じていることや、やりたいこと、やってほしいと願っていたことなどを伝えられずにいたのであれば、今からでも遅くありません。「素直な子ども」の状態から本当の気持ちを話してみてください。それでも受け入れてもらえないと感じたら、またそのときに「悲しい」とか「分かってほしかった」とそのままの気持ちを穏やかに伝えてみましょう。家族関係だけでなく、人間関係において、一歩、踏み出す勇気が出るかもしれません。

今回のように、旅行などのイベントが持ち上がった際に「仕事のできるキャリアウーマン」は家族の予定を調整したり、家計を切り盛りしたり、その役割を発揮します。また、家族の悩みを客観的に解決に導こうとするのも「仕事のできるキャリアウーマン」です。とくに家族だからこそ、感情に流され自分と相手との境界線が引きにくく、冷静に物事を判断することができなくなるので、自分を制御する「仕事のできるキャリアウーマン」をフルに活躍させ、家庭を丸く収めていきましょう。

○『青のキャラクターが展開する家庭例』車の購入

お父さん「新しい車が欲しいな（素直な子ども）」

あなた「新しい車、いいわね（素直な子ども）。お父さんは、どんな車が欲しいの？（仕事のできるキャリアウーマン）」

お父さん「ミニバンがいいな。後ろで寝られるくらいの広さがあるといいんだがな（素直な子ども）」
あなた「それは気持ちよさそうね（素直な子ども）。今の車、この前車検に出したばかりじゃない？（仕事のできるキャリアウーマン）」
お父さん「そうなんだよ。2カ月前に出したばかりだ（仕事のできるキャリアウーマン）」
あなた「車を買うためのお金はあるの？（仕事のできるキャリアウーマン）」
お父さん「ないことはないけど、今年は風呂場をリフォームもしたいからな（仕事のできるキャリアウーマン）」
あなた「車よりお風呂場のほうが先よね（仕事のできるキャリアウーマン）」
お父さん「そうだよな（仕事のできるキャリアウーマン）」
あなた「そしたら、今から車を買うための積み立てを始めたらどうかしら？（仕事のできるキャリアウーマン）」
お父さん「そうだな。その間に皆がどんな車が欲しいのか、ゆっくり考えることもできるし、いい考えだね（優しいお母さん）」

5　友達編

友達とはどのような関係を築きたいのでしょうか？　まずは自分が相手とどのような関係を築いていきたいのか、描いてみるといいですね。子どもの頃の友達関係というのは、イヤでも学校で顔を合わせなければならないということがありましたが、大人になってからのプライベートの友達関係は、何も無理して付き合わなくても構わないと私は思っています。もし付き合っていて、自分の赤のキャラクターばかりが出てくるのであれば、その友達から離れることも1つの選択でしょう。相手の赤のアプローチを青のアプローチで返して関係を築いていくこともできますが、そこにエネルギーを使わなくてもよいのではないかと思います。だから、相手とどのような関係を築いていきたいのかを考えておくのは大事なことです。

恋愛でも家庭でも「素直な子ども」のキャラクターが顔を出すと、ありのままの状態でいられる時間が長くなります。友達との関係性においても、「素直な子ども」と「素直な子ども」で共感できる関係が築けると良いでしょう。そのためには、自分から自分の気持ちを伝えていくことです。自分が心を開けば、相手も心を開きやすくなり、自分のことを話してくれるようになります。同じ気持ちで楽しんだり、喜んだりできる友達と一緒にいるのは楽しいですよね。そして、自分が悩んでいるときに、一緒に悲しんでくれたり、怒ってくれたりすると、寄り添ってもらっている感じがして心が通った関係だと思うのではないでしょうか。

友達同士で、応援してもらったり、助けてもらったり、逆にあなたが応援したり、助けてあげたりということがあるでしょう。これらは「優しいお母さん」のキャラクターが発揮されているときです。仕事上では口に出せない悩みでも、友達の前では話すことができる。そしてそれを理解してくれる、分かってくれるということは、とても力強いものです。

友達同士で旅行に出かけたり、遊びの計画を立てたりするようなときには、「仕事のできるキャリアウーマン」が力を発揮します。また、大勢の友達でいるときなども、「仕事のできるキャリアウーマン」が友達の状況を把握して、その場をまとめたり、仕切ったりします。

○『青のキャラクターが展開する友達例』

友達「インドに行きたいな（素直な子ども）」

あなた「え〜、どうしてインドなの？（素直な子ども）」

友達「ヨガを習っていて、本場のヨガに触れてみたいなって思ったからなの（素直な子ども）」

あなた「ヨガ、私も興味ある。ずっとやってみたいと思っていたの（素直な子ども）」

友達「そうなの？　すごく楽しいよ（素直な子ども）」

あなた「ヨガはいつ、どこで習っているの？（仕事のできるキャリアウーマン）」

友達「水曜日に駅の近くのスポーツジムのクラスに通っているの（仕事のできるキャリアウーマン）」

あなた「私も連れて行ってもらうことできる？（素直な子ども）」
友達「もちろん、紹介するわ（優しいお母さん）」
あなた「わあ、嬉しい（素直な子ども）。どんな格好して行ったらいいの？（仕事のできるキャリアウーマン）」
友達「動きやすい格好だったらなんでもＯＫよ（仕事のできるキャリアウーマン）。もしおしゃれに決めたいということだったら、ヨガのウエアが豊富に取り揃えてあるお店を知っているけど一緒に行こうか？（優しいお母さん）」
あなた「うん。私、そのお店に行ってみたい（素直な子ども）」
友達「そしたら、連れて行ってあげる（優しいお母さん）」
あなた「ありがとう。楽しみだな（素直な子ども）。まだヨガも習う前なのに、上手になったら私もインドに行ってみたいって気持ちになってきた（素直な子ども）」
友達「ふふふ。一緒に行けたら楽しそうだね（素直な子ども）」
一方、友達関係において、赤のコミュニケーションはどうでしょうか？「批判的なお母さん」のキャラクターが出てくると、悪口に発展するケースが多くなります。悪口を言うあなたと一緒にいると、友達は陰で自分のことも悪く言われているのでは？と心から信用できなくなるのではないでしょうか。つまり自分から信用を失っているのです。人の悪いところばかりに目がいく人と、楽しい時間が過ごせるとは思えません。また、悪口を言って批判的な態度をとることで、友達からも「いじけた子ども」の状態を引き出すことになるので、結局は自分がつまらない思いをすることになります。

「反抗的な子ども」はすべてに対してあらがうので、一緒にいて楽しくないどころか、不快な思いをすることが多いでしょう。何かを共に始めるといった建設的な会話にもなりません。あなたが「反抗的な子ども」のキャラクターで居続けるのであれば、友達は去っていくか、「批判的なお母さん」もしくは同じ「反抗的な子ども」で対応する友達ばかりと一緒にいることになるでしょう。あなたはその状態を望みますか？

「いじけた子ども」は、よほど運が良く、もともと青のキャラクターが表に出る友達に恵まれていたら救われることもありますが、友達の「批判的なお母さん」を引き出す傾向があるので、ストレスを溜めがちです。必要以上に友達に気を遣い、自分がどのように見られているかを過剰に気にしています。もともと自分を否定しているうえにさらに友達からも責められ、本人にとってはつらい状況が続きます。いつも自分のやりたいことが言えずに友達に合わせていたら、メンタルの病気になってしまうといっても過言ではありません。「NO」とは言わないあなたは、友達にいいように使われてしまうことも多いでしょう。そして、あなたが本当はやりたくないのにやっているとは気づいてもらえないので、その関係性がずっと続きます。「いじけた子ども」のキャラクターばかりが出ていると、場合によっては孤立してしまうこともあるかもしれません。

★逆ギレした友達

　ある人がSNS（ソーシャル・ネットワーキング・サービス）の中で、「自分のところに、ある会社から迷惑メールが来たから、皆さん気をつけましょう」という内容を会社の実名を出して載せていました。その会社は実在する会社で、きちんとした事業を行っています。ホームページを見ると、社名を名乗って悪質なメールが配信されており、そのメールは同社とは関係ないこと、そのメールによって迷惑を被っている旨が掲載されていました。しかし、ＳＮＳでその記事を読んだ人は、そんなことも知らずにその会社に対して悪徳業者のイメージを持ったようです。そして、そのことを指摘した友人がいました。すると彼は「自分はそんなことは知らなかったし、悪気があってやったのではない。現に、他の人に対して注意喚起をしたのだから、何も悪いことはしていない」と「反抗的な子ども」の状態で返信したのです。

それに対して、指摘した友人は「もしその会社名があなたの会社だとしたら同じことを言いますか？」と「仕事のできるキャリアウーマン」から返信していて感心しました。彼はその後、投稿を削除したのです。

⑥ 社会編

日常生活の中では、たとえば、買い物に行った、美容院に行った、食事に行ったなどさまざまな場面で人とやりとりすることがありますよね。その中で、自分の相手に対する期待が高いと、ついつい「批判的なお母さん」になりがちです。人は無意識のうちに「挨拶は丁寧にすべきだ」「店員は笑顔で接待しなければならない」「お水を早く持って来てよ」など、いろいろなことを求めているかもしれません。自分の求めている応対が返ってくれば、当たり前ということになりますし、期待よりも実際の応対が劣っていると、たちまち不満となり「批判的なお母さん」が顔を出すのです。

「批判的なお母さん」は相手から「反抗的な子ども」か「いじけた子ども」を引き出します。「反抗的な子ども」や「いじけた子ども」からおもてなしのある素晴らしいサービスは受けられないでしょう。相手を責める前に、自分はどのキャラクターで、人と接しているのか振り返ってみるといいですね。

１つのケースで、６人のキャラクターの応対の違いを見ながら、自分はどのような傾向があるのかを考えていきましょう。場面は喫茶店であなたがウエイトレスにホットコーヒーを注文したところです。5分後、注文をとったウエイトレスが運んできたのはホットコーヒーではなくアイスコーヒーでした。

●「優しいお母さん」のケース

ウエイトレス「お待たせいたしました」

優しいお母さん「ありがとう。でも先ほど私はアイスではなく、ホットコーヒーを注文しました。今、お店がとても混んでいて忙しそうね。だから他の方の注文と間違えてしまったかもしれませんね。急がなくて構わないから、ホットをもらえますか?」

「優しいお母さん」はウエイトレスの状況に配慮して、理解を示そうとしています。おそらくこの後、ウエイトレスは「申し訳ありません。すぐにホットをお持ちします」と「素直な子ども」で対応する可能性が高くなるでしょう。

●「批判的なお母さん」のケース

ウエイトレス「お待たせいたしました」
批判的なお母さん「私、ホットを頼んだのだけど。あなた、さっき何を聞いていたの？
　早くホットを持って来てちょうだい」

「批判的なお母さん」は相手に対して、ここぞとばかりに攻撃することでしょう。注文を聞き間違えるなんてあり得ないとばかりに。相手を責めたてるような言葉が出て、睨みつけるように激しい口調で伝えます。テーブルをトントンたたいているかもしれません。

これでは、ウエイトレスは委縮して「す、す、すみません」とオロオロするでしょう。そのウエイトレスを見て、さらに「早くして」と文句を重ねてしまいそうです。一方で逆切れして「イヤ、私は間違っていません。先ほどお客様は確かにアイスコーヒーとおっしゃいました」と言うウエイトレスもいるかもしれません。せっかくのブレイクタイムが台無しです。

●「仕事のできるキャリアウーマン」のケース

ウエイトレス「お待たせいたしました」

仕事のできるキャリアウーマン「5分前に注文したときに、私はホットコーヒーをお願いしました。先ほどメモされていたので、その注文用紙を確認していただけませんか？」

「仕事のできるキャリアウーマン」は事実を淡々と伝えています。ウエイトレスはすぐさま注文用紙を確認しに行き、自分が間違えたものを出してしまったことと、その分お待たせしてしまったことを謝罪しました。

●「素直な子ども」のケース

ウエイトレス「お待たせいたしました」

素直な子ども「あら。私は夏でも温かいものが飲みたいの。だからホットコーヒーを注文しました。早く飲みたいから、急いでお願いします」

「素直な子ども」は明るい声ではきはきとウエイトレスに自分の要望を伝えます。笑顔で伝えているので、ウエイトレスも「あっ、失礼しました」という感じで素直に「ごめんなさい。すぐにお持ちしますね」と急いでカウンターの中に入って行きました。

●「反抗的な子ども」のケース

ウエイトレス「お待たせいたしました」

反抗的な子ども「私、アイスコーヒー頼んでないですよ。もう、待っていたのに…。間違えるなんて最悪。早く持って来てよ」

「反抗的な子ども」はとても不機嫌そうに、相手が間違えたことに過剰に反応するでしょう。ウエイトレスも自分が間違えたのですから、悪いと思いながらも、「そんな言い方をしなくても。こっちだって忙しいから間違えることくらいあるわよ」と内心は不機嫌になっています。「申し訳ありませんでした。すぐにお持ちします」と言葉では言っているものの、済まなさそうな態度はありません。

●「いじけた子ども」のケース

ウエイトレス「お待たせいたしました」
いじけた子ども「あ、あ、あの～」
ウエイトレス「何か？」
いじけた子ども「いや、何でもないです」

「いじけた子ども」は注文したものが違ったとしても、ウエイトレスに伝えずに、「自分が間違えたのかもしれない」「アイスコーヒーでもいいや」と相手に伝えないことがほとんどでしょう。仮に伝えることができたとしても「私の注文の仕方がいけなかったので」「自分がはっきり言わなかったので、すみません。これでいいです」と相手のミスも自分がさも悪いかのように伝え、謝ってしまうことさえあります。「すみません」はいじけた子どもの口癖のようなもの。相手との関係性において下に入ろうとする傾向が見受けられます。これではウエイトレスも、自分がミスしたという意識もなく、「変な客」くらいに思うかもしれません。そして、本当はホットコーヒーが飲みたいのに、アイスコーヒーを飲む羽目になってしまいました。

　このような状況のときに、普段のあなたならどのキャラクターのケースに近い対応をとるでしょうか？　以前、この問いかけに、「相手が間違えたのだから『批判的なお母さん』になるのが当たり前でしょう」と答えた方がいらっしゃいました。しかし、それが「当たり前」でもなければ、「普通」というものもなく、自分と人とは違うということを前提にコミュニケーションを考えることが大切です。まさに、この方の発言自体が「批判的なお母さん」でした。

　人によって、このような場面で顔を出しやすいキャラクターがあり、パターン化されています。もし、そのキャラクターが青だったら、自分にとっても相手にとっても気持ちの良い関係を創りだしているといえますが、赤のキャラクターばかりが対応しているようでしたら、使っていない青のキャラクターを意識して登場させてみてください。人との関わり方が変わってくることでしょう。

7 「赤」の誘惑に負けない「青」のアプローチ

●相手からの「赤」のアプローチをストップ

コミュニケーションにおいて、自分が「青」の状態でいることが重要だということをここまで伝えてきました。そして、青のアプローチは相手の青のアプローチを誘うということも見てきました。さらに、ここで覚えておきたいことは、相手から「赤」のアプローチを受けると、自分も「赤」のキャラクターを誘われるということです。つい相手の「赤」の誘惑に乗ってしまうと、赤のコミュニケーションが続き、自分の創りたい関係や欲しい物は手に入りにくくなります。そこで、相手が赤のアプローチをしてきたときの、対応策を見ていきましょう。

●「仕事のできるキャリアウーマン」で状態を見極める

相手から赤のアプローチを受けたとき、相手がどのキャラクターで対応しているかを判断するのが第一歩です。そして、自分がどのキャラクターを誘われたのか?どのキャラクターで対応しようとしているかを見極めます。分析しようとすることで、相手と自分を俯瞰するようになれるのです。この相手と自分のやりとりを、少し離れたところから客観的に眺めた段階で、赤の誘惑への反応を抑え、自分を青の状態にとどめておくことができます。

●「お母さん」にはお母さん、「子ども」には子どもで対応する

赤のキャラクターは3人いました。「批判的なお母さん」「反抗的な子ども」「いじけた子ども」です。自分のなかでこのキャラクターが出そうになったら、もしくは出てしまったら、次の法則で「赤」をストップさせましょう。

青と赤の両極のキャラクターには「お母さん」と「子ども」がいます。このときに、同じお母さんならお母さん、子どもなら子どもの「青」に自分がシフトするのです。つまり「批判的なお母さん」から「優しいお母さん」へ、「反抗的な子ども」と「いじけた子ども」から「素直な子ども」になります。なぜかと言うと、「反抗的な子ども」が「優しいお母さん」にチェンジするというような場合、「赤」から「青」へと、子どもか

ら大人へと2つの段階を経るので、ハードルが高くなるからです。実際の場面で青から赤へとシフトする方法を見ていきましょう。

○「優しいお母さん」にシフトする

仕事で取引先に行くために、あなたとEさんとFさんの3人で待ち合わせをした場面での出来事です。あなたとFさんは時間通りに待ち合わせ場所に到着しています。しかし、約束の時刻から10分経っても、Eさんはやってきません。この場面で、Fさんが「批判的なお母さん」でEさんを批判しはじめました。「約束の時間に遅れてくるなんて信じられない。遅れてくるなら事前に連絡するべきだわ」と怒りを露わにしています。

自分の中にもEさんのことを批判する自分がいます。たとえば、「Eさんは待っている人の気持ちを考えるべきだ」「遅刻したら、私たちの信用まで落としてしまうじゃない」「ルーズな人だ。そんな人と一緒に仕事はしたくない」など、「批判的なお母さん」のキャラクターが顔を出してきました。ここで相手と一緒に「そうですよね。Eさんは本当に非常識ですね」などと言っても、Eさんが来るわけでもなく、状況の改善にはなりません。そこで、この場では自分が「優しいお母さん」にシフトし、赤のコミュニケーションを止めることが望ましいのです。

「優しいお母さん」でしたら、人に対して理解を示そうとします。「Ｅさんに何かあったのでしょうか？　心配ですね。連絡できない状況なのかしら」といった具合です。そして、実際にＥさんに会ったときに、Ｅさんに対して「時間どおりに来ないので、心配しました。今度からは、何かあったらその場で連絡だけでも入れるようにしてください」と「優しいお母さん」から伝えます。

このアプローチを身につけると、人の悪口を言ってくる人がいなくなります。同時に、あなたの悪口を言われる機会も減るでしょう。

○「素直な子ども」にシフトする

職場で上司の課長と話し合っている場面での出来事です。課長が「批判的なお母さん」から自分にこんな風に言いました。「あなたは、言っていることとやっていることが違うじゃないか」。自分ではそんなつもりはまったくありません。きちんと言ったことはやってきたという自負があります。課長に対して「反抗的な子ども」が出てきました。そのまま対応すると、「課長、そんなことはありません。私は自分が発言したことに対しては、責任を持ってやっていますし、なぜそんなことをあなたから言われなくてはならないのですか」と突っかかるところです。そうしたら、課長からはさらに反論が出てきそうですね。

そこの場面を、「素直な子ども」からのアプローチに変えると、このようになります。「課長には、私の言っていることと、やっていることが違って見えるのですね。それはとてもショックです。自分は発言したことは責任をもってやっていきたいと思っています。たとえば、具体的にどのような場面で課長がそのように感じたのか教えてもらえませんか」。「教えてください」「お願いします」と「素直な子ども」で対応すると、相手の「優しいお母さん」を誘います。もしその後課長から、自分の言動の不一致に関して教えてもらうことができたのであれば、自分の行動を変えるきっかけにすることができるでしょう。また、今まで課長に誤解を与えているようなことがあれば、誤解を解くことができるかもしれません。

●赤をストップするケース例

次に、仕事などでお客様からクレームを受けた場合を考えてみましょう。クレームというのは大抵「批判的なお母さん」のキャラクターからのものです。クレームを受ける場面を想像しただけで嫌な気持ちになりますね。そのとき、「反抗的な子ども」か「いじけた子ども」が反応していませんか？　自分が赤のキャラクターで応対してしまうと、お客様の不満はより大きくなってしまいます。

そのような場合は、まず2つのケースに分けて対応しましょう。1つは事が緊急を要する場合です。その場合は「仕事のできるキャリアウーマン」でクレーム内容を迅速に聴き取り、すぐにクレーム内容の処理にとりかかります。もう1つは、事を急がない場合です。大抵はこちらのケースになりますが、内容を聴き取ったら、お客様の感情に寄り添うことに力を注ぐのです。そのためには、自分が「素直な子ども」になって、相手の気持ちをともに感じ、不快な思いをさせてしまったことに素直に謝ります。気持ちを共有することができたら、相手も「批判的なお母さん」の状態から「素直な子ども」にシフトし、怒りも少し落ち着いてくるでしょう。「優しいお母さん」から相手を理解しようとしてもいいですね。その後「仕事のできるキャリアウーマン」でどのように対応することが最善なのかを相手と話し合います。

今度は友達同士のやりとりを見ていきましょう。友達からあるとき、こんなことを言われました。「あなたの話し方はいつもはっきりしない。何を考えているのか分からないから、今度の休みの計画についてどう思っているのか聞かせてほしい」と。友達はとてもキツイ言い方で「批判的なお母さん」の状態です。

あなたからは「いじけた子ども」が引き出され、もうなんと答えていいのか分からなくなってしまいました。「何を考えているのか分からないって言われても、もうこれ以上、自分の考えを伝えるのは無理」「私にはよく分からない」ともじもじ…これでは、さらに相手の怒りを強化してしまいそうです。

ここで「素直な子ども」の対応をしてみましょう。「はっきりしなくてごめんね。今度のお休みをどうしたら良いのか、自分ではいい案が思いつかなくて何も言えなかったの。私はみんながやりたいことをやればいいなって思っているから、今の計画でいいと思うよ。それから、そんな風に思われていたなんてビックリした。だから今度からも思っていることがあれば、今日みたいに率直に言ってもらえると助かるよ」

「素直な子ども」からのアプローチで相手の「批判的なお母さん」から「優しいお母さん」へのシフトを誘っています。


同僚とのやりとりの場面です。同僚のHさんが言いました。「ミーティングの報告書、書きたくない。あれって書いても全然意味ないと思う」。Hさんは「反抗的な子ども」のキャラクターです。あなたはその報告書をまとめ、上司に提出する役割を担っていたとします。Hさんの態度に「仕事だし、経費も掛かっているわけだから報告書を出すのは当然のことじゃない。ちゃんと期限までに出してよね」と「批判的なお母さん」が対応しようとしています。

相手が「反抗的な子ども」と「いじけた子ども」の場合、「優しいお母さん」で接して、「素直な子ども」を誘うこともできますが、「素直な子ども」からのアプローチのほうがよりスムーズです。子ども同士がすぐに打ち解けあうイメージをすると分かりやすいでしょう。感情が先に出る子どもにとってみれば、同じ目線で同じ気持ちになってくれる人に対して、直観的にすぐに心を開くものです。

今回のケースで「分かる、分かる。私も報告書を書きたくないなあ。結構時間かかるし、面倒だものね。でも報告書を出さなくて、上司に怒られるのはもっと嫌だわ」と「素直な子ども」のキャラクターから無邪気に言ってみました。するとHさんから返ってきたのは「あはは。そうだよね。報告書は面倒だけど、私も上司から文句言われるのはもっと嫌だわ。さっさと書いちゃおう」という返事です。「反抗的な子ども」に対して、正論を主張するよりも、一緒の目線で会話をしたほうが、多くの場合、早く「青」の状態にシフトします。

とくに、「いじけた子ども」は「優しいお母さん」から接することで、「いじけた子ども」の要素を強化してしまうことがあります。というのも、「優しいお母さん」は自信のない面や、おどおどしている状態にも理解を見せて許容するからです。だから、「いじけた子ども」には「素直な子ども」で対応するのがより適しています。

8 気づきにくい「依存関係」から抜け出す

青のキャラクター同士がコミュニケーションを築いていても、ある特定のパターンが継続し効果的に機能していない状態に陥っていることがあります。たとえば友達同士で、常に一方が「優しいお母さん」のキャラクターで、もう一方が「素直な子ども」でコミュニケーションをとっているようなケースです。Kさんはとても面倒見の良い性格で、いつも周りに気を配っています。一方のMさんは天真爛漫な性格で、自由奔放に生きている印象の強い女性です。この2人はとても仲が良く、一緒にいることが多かったとします。2人の関係は、Kさんが「優しいお母さん」でMさんが「素直な子ども」のキャラクターで、いつもKさんが与え、Mさんが受け取るという状態です。青同士のコミュニケーションなので、お互いのその状態を誘い、この固定した関係が気持ちよく続いています。

一見うまくいっている様子ですが、この2人の関係の中で、何が起こっているのかというと、Kさんからは「素直な子ども」のキャラクターが出てくることがなくなります。

つまり、Kさんはいつも Mさんのことを理解して支援しようとし、何ができるのかを考え行動しているので、自分の気持ちややりたいことを表現しなくなっているのです。Mさんにおいては、やりたいことを言えばKさんが面倒をみてくれたり、お膳立てをしてくれたりするので、自分でいろいろと考えて行動するということをしなくなります。おんぶに抱っこ状態です。

このような人間関係は、お互いにとって気持ちのよい関係なので、その関係性において問題が起きていることに気づかないまま続きます。しかしこの状態は、本来自分でできるMさんの能力を奪い、実際よりも小さく扱っていることが問題になるのです。また、Kさんの気持ちや要望を言う場面がなく、Kさんを大切にしていないことにもなります。

このように、たとえ「青」のキャラクターであっても、1つのキャラクターに固定して他の青のキャラクターが対応しないような関係性は、お互いがお互いに依存する状態を創り出すリスクがあります。

仕事の場面で考えてみましょう。上司が「優しいお母さん」と「仕事のできるキャリ

先に見てきた仕事の場面での依存関係は、上司が「仕事のできるキャリアウーマン」から新人に対して質問し、新人に「仕事のできるキャリアウーマン」で考えさせるようにするのです。新人が「次はどうしたら良いでしょうか？」と聞いてきたら、「君はどうしたら良いと思うか？」と聞き返してみます。また、上司が「素直な子ども」から「新しい発想が出てこなくてね。君たちの年代が興味や関心のあることを教えてもらえないかな」とアプローチして、新人から「優しいお母さん」を引き出しても良いでしょう。

また、いつも子どもを起こしているケースは、親が「優しいお母さん」と「仕事のできるキャリアウーマン」のキャラクターの対応で「素直な子ども」が出てきていません。そこで親が「今日は疲れていて、明日ゆっくり寝ていたい」と自分の欲求を表現するようにします。そうすると「素直な子ども」にシフトすることになり、同じキャラクター同士の会話になると、依存関係は存在しないことになります。

第3章

チャンネル合わせで青のコミュニケーションをステップアップ

1　人は3つのチャンネルで情報をキャッチ

私たちは情報を取り込み、保存し発信する際に、3つのチャンネルを使っています。3つのチャンネルというのは「視覚」「聴覚」「体感覚」です。3つのチャンネルはどれも使っているのですが、人によって優位に立つチャンネルがあり、無意識のうちに言葉や態度に表れています。このチャンネルを活用して、赤から青のコミュニケーションをより強化していきましょう。

相手のことを観察するにも、何かを学ぶときにも、実際に目で見て、音を聞いて、そして、体で匂いや触り心地などを感じています。あなたは「花火」という言葉を聞いて、まず何がパッと思いつくでしょうか？　きれいとか鮮やかとか花火の色や映像が広がる人もいるでしょう。「ドーン、パチパチ」と花火の音を思い出す人もいるかもしれません。また花火大会のときのムシムシとした夏の感じや、浴衣に触れる肌の感覚、そして花火の匂いを思い出す人もいるのです。

これらは、実際に今、花火を見ているわけでも、花火の音が聞こえているわけでもありません。この質問をしたときに、夏ではないかもしれませんし、実際に浴衣を着ている人はほとんどいないでしょう。それでも、私たちの頭の中では、その映像が見えたり、音が聞こえたり、体で感じていますよね。

「テレビを見ていたいのなら見ていてもいいわよ」という言葉を、青の状態として捉えるのか、赤の状態として捉えるのかは、この3つのチャンネルの働きによるものです。視覚のチャンネルが優位の人は、まずそのセリフを言った人の顔が映像として浮かぶでしょう。その人の姿勢や態度、身振りなどがありありと浮かんできます。その際の映像が「優しいお母さん」のキャラクターであれば、実際の反応としてあなたからは「素直な子ども」のキャラクターが誘われ、出やすいのです。逆にいえば、恐い表情の「批判的なお母さん」が浮かんでいるのであれば、「反抗的な子ども」か「いじけた子ども」が誘われ、赤のキャラクターで対応してしまいがちです。

視覚だけでなく、聴覚と体感覚も同じです。実際に起きていないことが、自分のイメージの中で起きています。だから、同じ事象が起こっても、人によってその反応は異なってくるのです。

まず、この自分の内部で起きている会話を、青のキャラクターからのアプローチに変えるとどのように言うのかを考えてみるといいでしょう。もしくは、赤のコミュニケーションが途切れないのであれば、3つのチャンネルを使って、そのイメージを消してしまえばよいのです。

たとえば、あなたは同僚から「部長がすぐに会議室に来るように言っています」と言われたとします。あなたの中でパッとどのようなこと起きているでしょうか。この事柄を例として、チャンネルの活用法を見ていきます。

●視覚優位の人

青の状態であれば、部長がニコニコで手を広げて自分を迎え入れてくれる映像が浮かぶ人もいれば、先日の業績についてほめられている姿が浮かぶこともあるかもしれません。赤の状態であれば、機嫌が悪く眉間に皺の寄った部長の表情が映し出されているでしょう。まだ実際に部長と面談していないにもかかわらず、過去の体験などから青と赤のアプローチが始まっています。自分の中で創り出す映像によって、会議室のドアを開けるあなたの言葉や表情、声の調子、姿勢、身振りが創り出されていないでしょうか。もし、赤の状態の映像が浮かぶのであれば、相手と対応するキャラクターを「青」に変えて、その映像を青の状態として映し出すのも一法です。しかし、「そんなに簡単に人間は暗いイメージを描いているものを、明るいイメージに変えることはできません」と言う人もいることでしょう。その場合には、少なくとも、自分の中で描いている赤の映像に曇ったフィルターを重ねてぼやかし、色が鮮明であれば白黒にしてみましょう。動画であれば、静止画にして小さくして額縁に収めてしまったり、その映像を遠ざけたりしてみてください。上記のやり方で、映像が薄くなったら、これから自分が描きたい部長との会話の様子を映してみるのです。ありありとイメージすることができたら、その状態で会議室に入ってみてください。

あなたの人との関わり方が違ってきますし、自分が赤の状態でいる時間を減らすだけでも、人生の中で観えるものは変わってきます。明るい光が映し出されることが多くなるでしょう。

●聴覚優位の人

聴覚優位の人は部長の声が真っ先に聞こえてきます。青の状態であれば、部長の穏やかなつやのある声が聞こえるかもしれませんし、赤の状態であれば、耳障りな怒鳴り声が聞こえるかもしれません。視覚優位の人が行ったことと同じように、今度は音でイメージを変えていきます。部長の怒鳴り声が聞こえるようでしたら、その声のボリュームを下げてみましょう。そして、録音した声の再生スピードを遅くするように、部長の話し方をゆっくりとし、最後は、コマ切れの状態にします。「ご・く・ろ・う・さ・ま」といった具合です。いかがですか?

●体感覚優位の人

体感覚優位の人は、会議室で立っている自分の身体の感じをイメージしているでしょう。青の状態であれば、部長にほめられて、自分の身体が熱く火照っているのを感じるかもしれませんし、赤の状態であれば、部長の態度にビクビクと身震いしているかもしれません。そうなると、心臓の動きがドキドキと速くなり、息も浅くなっていませんか？体感覚優位の人に何よりもお勧めなのは、まず深呼吸をすることです。

自分の中で描いているものや、聞こえているもの、感じていることが、現実でのコミュニケーションに影響を与えてしまうのであれば、その自分の中に起きていることを変えれば、その後の相手に対する対応や自分でとる行動が変わってきます。行動が変われば、その後の展開も違ってくるでしょう。

よく「あがる」という人がいますが、こちらも3つのチャンネルを使って、コントロールすることが可能です。

たとえばこれから、あなたは大きな舞台に立って、プレゼンをすることになっています。自分の顔が真っ赤になって、笑顔が消え、そして聴衆から笑われている映像が浮かんでいます。言葉を出そうにも頭が真っ白で、何も出てきません。やっとの思いで絞り出した声は「あ・あ・あ・ど・ど・どうもすみません」と、か細くて消え入りそうです。足はガクガクと震えが止まらず、心臓の鼓動はますます速く、強く感じます。手には汗を握り、呼吸はどんどん浅くなっていきます。こんな状態をイメージしたら誰だってありますよね。

このような場合は、プレゼンの前に、自信を持った表情で堂々と話している自分の映像を描きます。実際に鏡の前でその表情を作るのも効果的です。その映像を映したまま舞台に立ってみましょう。また、落ちついたトーンで重みのある自分の声を頭の中で聞いてみます。実際に声を出してみるのも良いでしょう。そして、最後に深呼吸して、自分が舞台に堂々と立って、ジェスチャーなどをおりまぜながら実際にプレゼンをしている感じを味わいます。自分のなりたい状態を感じられるまでやってみてください。必ず、たとえ僅かでも効果があります。

●モノを買う決め手も3つのチャンネルが鍵となる

モノを買う決め手も、優位に立つ3つのチャンネルによって大きく異なります。ソファーを買いに行ったとき、あなたはどのような基準で選びますか？　視覚優位の人は、見た目がとにかく大事です。色やデザインや形などにこだわるでしょう。聴覚が優位であれば、店員さんから聞くそのソファーの特徴や評判が購入の決め手となるかもしれません。中には座った時のきしむ音が気になる人もいます。体感覚優位の人が確かめるのは、何よりも触り心地、座り心地です。もし、パートナーと一緒にソファーを買うのであれば、相手の優位となるチャンネルを知っておくことで、相手のことがより理解しやすく、決めるのもスムーズにいくのではないでしょうか。

2　目の動きで分かる相手のチャンネル

相手の優位なチャンネルを知っておくことで、コミュニケーションにも活用することができます。前頁の、ソファーの買い物例もその1つです。実は相手がどのチャンネルを使っているのかは、目の動きに表れます。

次頁の絵をご覧ください。視覚的なイメージを描いている人は、視線が上を向く傾向があります。聴覚のチャンネルを使っている場合には、視線が水平に動きます。視線が下に向く場合には、自分の内面と対話しているのか、体の感覚を感じているのかどちらかです。視線の向きが右か左によって、違いもあります。相手の目の動きが左に動くとき（本人から見ると右側）には、何か新しいものを創り出し、右に動いたとき（本人から見ると左側）は、過去の記憶を思い出している状態です。左右の視線の動きは、時折逆になる人もいますが、一般的には次頁の絵のとおりです。

【目の動きで相手のチャンネルを知る】

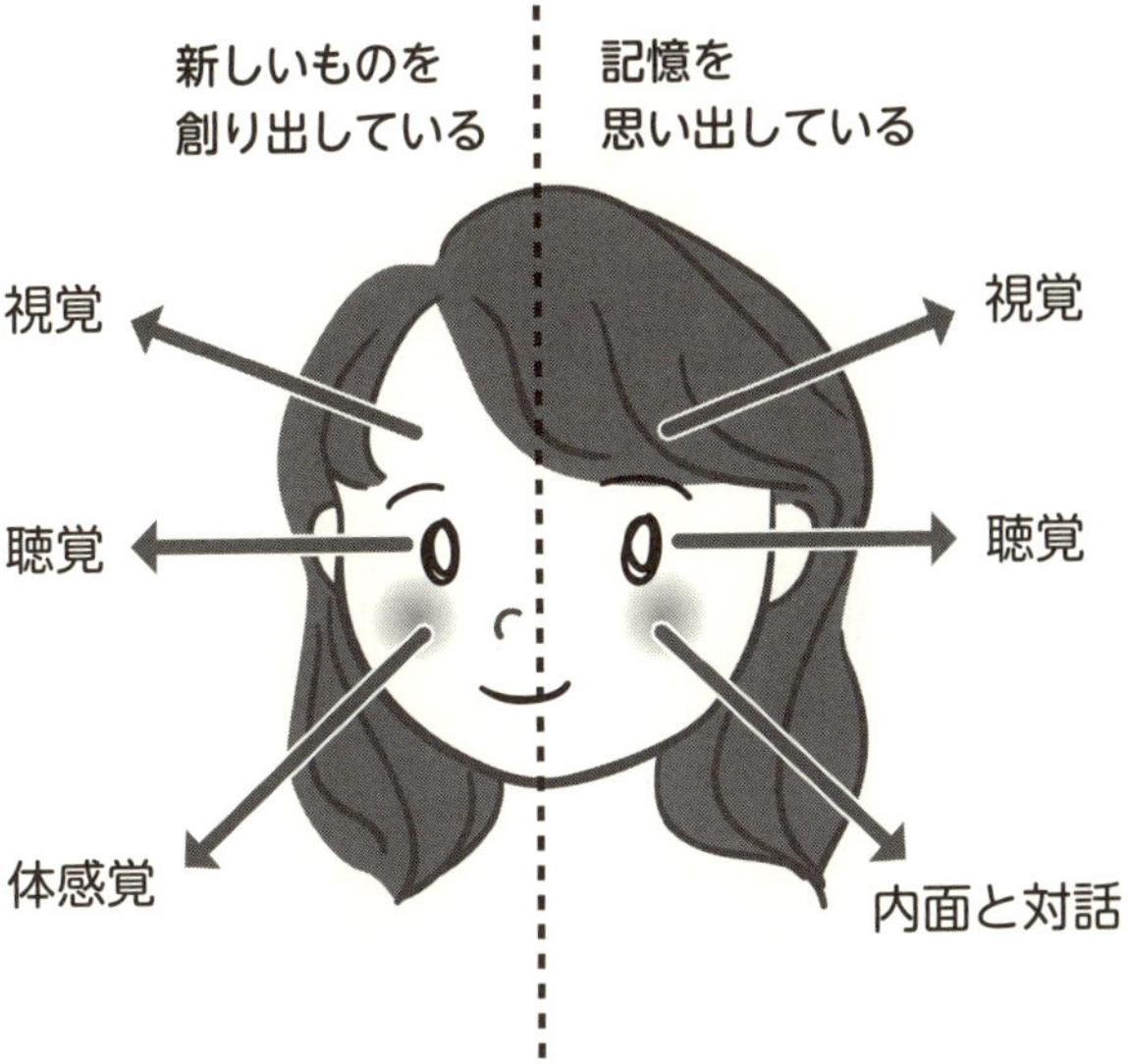

●相手の視線を観察してみましょう

たとえば、「どのような家を建てたいですか?」という質問をしたとき、返答の内容と視線の動きに注目します。「以前、家族でモデルハウスを見に行ったことがあります。そのときに、とても気に入った家がありまして…」と話しながら、対面で相手の視線が右上に動いたのであれば、相手の頭の中では実際にモデルハウスで見て気に入った家を映像化しています。視線が左上に動いていたら、新しく自分でデザインした家を創り上げているかもしれません。話している内容と照らし合わせてみると、相手がどのチャンネルを使っているのか、より理解できるようになります。

視線が水平の左方向に向いていたら、どのくらいの敷地に何階建のどのような特徴の家を建てるのか、家のスペックなどを羅列しているかもしれません。右方向であれば、ハウスメーカーの営業マンの話を思い出して、そのことについて話していませんか?

以前、「どのような家を建てたいですか?」という質問をしたときに、「妻が機能的なキッチンが欲しいと言っていたので、キッチンの使い勝手にはこだわりたいです」と答えた男性がいました。その方はそう答えたとき、水平の右方向に視線を移したのです。

おそらく奥様の声を思い出していたのでしょう。

★目の動きで相手をより理解できる⁉

私がキャリアカウンセリングをしていたときのことです。ある質問をした後、クライアントが黙り込んでしまいました。その時の様子を観察していると、彼は上を見ながら目が左右に行ったり来たりしています。過去のことを思い出し、将来どうなったらいいのかを描いては、さらに過去を振り返りということを繰り返しているようでした。

実際に、彼はその後に、過去に職場であった出来事を映画のように映し出し、これから自分が何色のスーツを着て、どのような場面にいるのかを、目に浮かぶように話してくれたのです。

相手が黙り込んでしまうと、沈黙が気まずかったり焦ったりしがちですが、そのようなときは相手の視線を観察してみると、次の言葉を待つ余裕が生まれることもありますよ。

3　言葉の使い方で3つのチャンネルを見分ける

目の動きと同じように、相手の言葉の使い方に注目していくと、相手がどのチャンネルを優位に使っているのかが分かってきます。チャンネルごとに、よく使われる言葉を知り、見分けていきましょう。

視覚優位の人は、色や光などが言葉にも多く表れます。たとえば海に行ったとしましょう。「青い海がきれいだった」「白い砂浜がどこまでも広がっていた」「赤い夕陽がキラキラとまぶしかった」など、海に行った時の映像をありありと語ることでしょう。

聴覚優位の人は、同じ海に行ったときでも、音に関する言葉が多く発せられます。「ザーザーという波の音が心地良かった」「カモメの鳴き声が、歌を歌っているかのように聞こえた」「船の汽笛にハッとした」といった具合です。

体感覚優位の人は、匂いや触った肌の感じの言葉が多くなります。「波が冷たく感じた」「砂浜を踏みしめる感覚が忘れられない」「日差しが私の背中を暖かく包みこんだ」などです。

●3つのチャンネルの特徴的な言葉の例

海に行ったことを思い出したとき、皆さん自身はいかがでしょうか？　3つのチャンネルの特徴的な言葉について、次にあげておきます。

【視覚のチャンネル】

見る・現れる・示す・現象・見つめる・見通し・眺め・観察・注視・焦点を合わせる・目を通す・明確・暴露・下見・思い描く・思い浮かべる・幻覚・空想・絵・見苦しい・目を引く・目が肥える・目が利く・目が高い・目が届く・目が離せない・目を奪われる・目を見張る・目を伏せる・はっきりしている・見える形

【聴覚のチャンネル】

言う・聞く・聴く・考える・思う・しゃべる・告げる・話す・鳴る・響く・共鳴・音色・

耳を澄ます・騒がしい・静か・初耳・耳を疑う・耳を貸す・話が合う・話が弾む・耳が早い・耳にとどまる・耳に入れる・耳につく・耳を揃える・話がつく・話が早い・話が分かる・話にならない・話に実が入る・リズムが合う

【体感覚のチャンネル】

感じる・触る・触れる・重い・軽い・接触・緊張・感触・捕まえる・押す・突く・圧力・握る・敏感な・温かい・冷たい・固まった・堅い・柔らかい・息詰まる・身にしみる・手応えのある・手が届く・手がある・手が付かない・手が早い・手に落ちる・手にかける・手を合わす・手を打つ・手を尽くす・手を延ばす・手を結ぶ・足が向く・足を踏み入れる・美味しい話・腑に落ちない

★英語だとより分かる3つのチャンネルの言葉

「分かります」という言葉を英語で伝えるときに次のように言うことができます。

I see.

I hear.

I understand.

まさに視覚・聴覚・体感覚が表れていますね。日本語でもあります。研修のときによく使う言葉なのですが…

「さあ、これからこちらを見ていきましょう」

「さあ、これからこちらを話していきましょう」

「さあ、これからこちらをやっていきましょう」

皆さんがよく使うのはどの言葉ですか?

4　チャンネル合わせで意思疎通

前述のように、人は3つのチャンネルを使って、情報を取り込み、保存、発信しています。同じ青のコミュニケーションを行う際にも、相手とチャンネルを合わせることでより通じやすくなりますので、実際の活用例を見ていきましょう。

営業で自社製品をお客様に説明する場面で考えていきます。お客様が視覚優位の方でしたら、とにかく製品を見せることです。「百聞は一見に如かず」とは視覚のチャンネルが得意な人の言葉で、パンフレット・写真などをお見せします。もしモノがない場合には、お客様が映像として描けるように、色や形・デザインなどを詳しく説明すると良いでしょう。

聴覚優位のお客様には商品の評判を話しましょう。また商品に関するデータ・仕様や特徴について数字などを用いながら詳細を伝えます。視覚・体感覚優位のお客様と比較して、営業マンのセールストークを多くすると良いでしょう。

体感覚優位のお客様に対しては、実際にモノがあれば手に取ってもらうことです。触ってもらったり、使ってもらったりして、使用感を確かめてもらいましょう。モノがない場合には、使ったときにどんなことを実感できるのかを話します。体験した事例などを用いると効果的です。また、体感覚優位の方は、実際に自分の内部の身体感覚で確かめようとするので、少し間をとって、じっくり感じてもらいながら会話を進めると良いでしょう。

3つのチャンネルは言葉の表れ方も違いました。相手の使っているチャンネルに合わせた言葉を使うと、より相手に伝わり、心に響きやすくなるのです。

たとえば相手が悩みを打ち明けたとします。視覚優位の人は、こんな風に言うかもしれません。「私にはなかなか先のことが見えてきません」。その際、あなたはその人に対して、どのような言葉をかけますか？「何か光が見えてくるといいですね」など、「優しいお母さん」のキャラクターで視覚に訴える青の状態を描いてあげると良いでしょう。

聴覚優位の人でしたら、「雑音ばかりが入ってきて、何も考えられません」と打ちあけることもあるでしょう。その際には、「そのボリュームを下げられるといいですね」と伝えてみてはいかがでしょうか。

体感覚優位の人は「どうしても一歩が踏み出せません」といった表現になるでしょう。そのときに「私が背中を押してあげましょう」と言えば、チャンネルが合った会話になります。

このように相手に合わせて言葉を選ぶことができれば、青のコミュニケーションもさらにスムーズです。ただし、相手を観察していても、どのチャンネルが得意なのかが分からない場合や、1人の相手ではなく1対多数のコミュニケーションの場合には、この「視覚・聴覚・体感覚」の3つの要素を入れていくと良いでしょう。世の中で、ヒットしている歌や映画などは、バランスよくこの3つが含まれているものです。

恋人同士や夫婦関係における愛情表現も、相手の使っているチャンネルを使うことで意思疎通が図りやすくなります。まず、パートナーが視覚優位であれば、見た目は非常に重要です。服装や髪形などの身なりはおろそかにしてはいけません。また、「観ている」

ことを伝えてあげると良いでしょう。たとえば「ヘアスタイルが変わったね。とても似合っているね」「お部屋にお花を飾ったんだね。きれいだね」といった具合です。

聴覚優位の相手であれば、「好きだよ」「愛している」としっかり言葉にして伝えることが大切です。比較的に、遠距離恋愛が得意なのは「聴覚優位」の人といえるでしょう。

体感覚優位の人は、とにかくスキンシップを大切にすることです。「好き」という言葉より、まずは抱きしめてあげましょう。

★私の話が面白くないから寝てしまった？

私が講師になりたての頃、何度もセミナーに足を運んでくれる方がいらっしゃいました。決まって一番前の席に座るのですが、私が話し出して数分経つと、目を閉じて体を上下にリズムをとって揺らし始めるのです。私の話に退屈して寝てしまったのかと焦り、私は「いじける子ども」のキャラクターが出そうになりました。しかし、また次のセミナーにも参加してくれるのです。あるとき、その受講者と話をしていると、聴覚優位であることが分かりました。聴覚のチャンネルを使っている際の特徴として、頭を軽く上下に揺らしながら聞くということがあるのです。彼は寝ていたのではなく、しっかり聴き入っていたのでした。

視覚優位の人は、目を細めて見る、体感覚優位の人は手振り・身振りが大きいということも特徴として付け加えておきます。

●学習の仕方も3つのチャンネルで変わる

情報を取り込む際に3つのチャンネルを使っているので、学習の仕方もそれぞれの優位のチャンネルによって、向き・不向きがあります。自分自身が受験勉強の時にどのような学習スタイルであったのか思い出してみましょう。

視覚優位の人は、多くのカラーペンを使って色分けしたり、アンダーラインを入れたり、グラフや図などを効果的に使っていませんでしたか。

聴覚優位の人は、語呂合わせをしたり、録音した音声を聞いたりしていたことでしょう。

体感覚優位の人は、実験したり、体験してみたりしたのではないでしょうか。

部下の育成や子どもを育てる際に、ただ「メモをとりなさい」などの単一的な指示ではなく、相手に合わせた学習法を提案できると、より効果が高いといえそうです。

★チャンネルのミスマッチがもたらすコミュニケーション・ギャップ

よく「ヘアスタイルを変えたのに、彼が気づいてくれない。もう私への関心がないのかも」などという悩みを耳にすることがあります。もし、彼が聴覚優位で、彼女が視覚優位であれば、このようなことは頻繁に起こりうるでしょう。聴覚優位の人は、見た目が変わっても気づかないことがあると知っていれば、ケンカに発展することも、むやみやたらと悩むことも少なくなりそうです。

第4章

自分も相手も同じ！「大切にされたい」と思うこと

1　「観ている」ことを伝えるストローク

人間関係において誰もが「大切にされたい」「認められたい」という欲求をもっていることでしょう。そのためには自分のことを観ていてもらわなければなりません。無意識に注目を求めているのです。この「注目しています」ということを伝えるのがストロークです。ストロークを投げかけることで、「私はあなたのことを気にかけています」「大切に思っています」というメッセージを投げかけていきます。

ストロークは生きていくために食べ物と同じくらい不可欠な要素です。食べ物に関していうと、美味しいものと不味いものがあれば、美味しいものを選んで食べますが、もし美味しいものがなければ、不味いものでも生きるために食べます。ストロークも同じ傾向があり、注目が得られない場合には悪いことをしてでも相手の注目を引こうとするのです。

小さな子どもを想像すると分かりやすいでしょう。「お母さん、見て、見て」と言わんばかりにいろんなことをします。お母さんからほめられたり、認められたりすると、さらに頑張ろうとしますよね。しかし、お母さんに振り向いてもらえなかったような場合には、いたずらや悪いことをしてまで、お母さんの注目を引こうとすることがあります。

このような傾向を活かして、相手が欲しいと思っている効果的な「青のストローク」を自分から先に多く投げかけていくことによって、コミュニケーションを潤滑にしていきます。また自分からストロークを投げかけ続けると、自分自身も人から認められ、ストロークを得る機会が多くなるのです。

2 「青」と「赤」のストローク

ストロークには4つの種類があり、青のキャラクターから出る「青のストローク」と、赤のキャラクターから出る「赤のストローク」に分けられます。ストロークは人のモチベーションの鍵となるものなので、4つのストロークを知り、青のストロークを多く投げかけて、人生をより素敵に彩っていきましょう。

① 行動に対する青のストローク

何かやったことに対して、その行動を「観ている」ことを伝えます。たとえば「今のプレゼンとても分かりやすくて良かったよ（優しいお母さん）」「企画書を確かに受け取りました（仕事のできるキャリアウーマン）」「アドバイスしてもらってとても嬉しかったです（素直な子ども）」といった投げかけです。行動に対するストロークなので、相手の行動を観ていなくては、ストロークを出すことができません。ストロークを受けた相手の行動はさらに促され、強化する傾向にあります。

行動に対する青のストロークのポイントは、できるだけ時間を置かず、その行動に対して具体的に伝えることです。

②　存在に対する青のストローク

行動に対するストロークはその「行動」がなければ投げかけることができませんが、存在に対するストロークは、何かをしなければ与えることができない、もしくは受け取ることができないストロークではありません。たとえば「生まれてきてくれてありがとう（優しいお母さん）」「今日もいらっしゃいましたね（仕事のできるキャリアウーマン）」「お会いできて嬉しいです（素直な子ども）」など、相手がそこにいることに対しての投げかけをします。

日頃お会いする方に、なかなか「生まれてきてくれてありがとう」などと言うことは稀なことでしょう（実際に言ってもらえた相手としては、嬉しいに違いありません）。存在に対する青のストロークは、何もそのような大げさなことではありません。挨拶もその1つです。「いらっしゃいませ」という言葉は、まさに「私はあなたがそこにいることに気づいています」というメッセージになります。また、言葉だけでなく、笑顔や会釈、うなずきも非言語のストロークです。

③ 行動に対する赤のストローク

行動に対して赤のキャラクターから出るストロークです。たとえば「あなたはいつも遅れてくるよね（批判的なお母さん）」「そういうお節介はうざいんだけど（反抗的な子ども）」「私はあまり理解力がないので、先ほどの説明ではちょっと分からなくて…（いじけた子ども）」といった投げかけをします。

④ 存在に対する赤のストローク

存在に対して赤のキャラクターから出るストロークです。受け取る側としては、「お前なんていなければよかった」と存在を否定されるわけですから、命に関わるくらいダメージの大きいものになります。

また気づいていないのではなく、無視されるという場合も、存在に対する赤のストロークの最たるもの。世の中で起きた事件の中には、自分の存在を知らしめるために残忍な犯行に及んだというケースもあるくらい、人から気にかけてもらうということは重要なことです。

ときには、相手の行動がふさわしくないと感じる場合もあるでしょう。その際に①の「行動に対する青のストローク」を投げかけるのは、ハードルが1つ高くなります。日頃から相手に対して、行動と存在に対する青のストロークを多く投げかけておくと、相手の行動に対して問題提起をするような場合でも、建設的な青のストロークとして相手が受け止めるようになるので、まずは青のストロークをできるだけ多く出していきましょう。相手の行動がふさわしくない場合のコミュニケーションについては次章2のケアフロンテーションの節で詳細をお伝えします。

●日常でまだまだ少ない青のストローク

部下や後輩の育成という場面で、青のストロークは効果を発揮します。部下や後輩の立場で、上司や先輩に望むことなどを訊くと、「ほめてほしい。アドバイスをしてほしい。ときには叱ってほしい。とにかく観ていてほしい」という言葉が返ってきます。実際、上司や先輩は観ているのですが、言葉や態度で表現しないため、相手に伝わっていないことが多いのです。

ある金融機関の優績者を集めた研修で、この青のストロークを体験するワークを行いました。彼女たちがワークをした後に口にした言葉は「日頃、そんな風に言ってもらうことがないから、涙が出るくらい嬉しかった」だったのです。彼女たちは、優秀な成績を修めていることがうなずけるほど受講態度も素晴らしく、好印象で、どれだけほめられたり、認められたりしてもおかしくない人たちばかりでしたが、日頃、青のストロークを職場でほとんどもらうことはないということでした。もっと青のストロークが増えれば、さらに彼女たちの素晴らしい行動は強化されることでしょうね。

★「ほめることができない」と言う管理職

研修でとくに男性の管理職の方から「私は相手をほめることができません」と言われ

ることがあります。奥様に対しても「お料理がおいしい」などの言葉を口にしたことはないということです。

ストロークは「ほめる」ということではありません。ましてや歯の浮くような言葉を相手に投げかけましょうと言っているわけでもないのです。「今日は肉じゃがを作ったんだね」と一言があれば、それがストロークになります。さらに「俺の好きな（肉じゃが）」と加え、最後に「美味しかったよ。ありがとう」と伝えたら、きっと肉じゃがの食卓に並ぶ回数が増えることでしょう。味もアップするかもしれません。

●相手にとっての青のストローク

青のストロークのつもりが、受け取る相手によっては赤のストロークになってしまうことがあります。たとえば、久しぶりに会った友人に「痩せたね」と言ったとします。自分では、スマートになった友人を素敵だと思い、つい出た言葉でしたが、友人は病気で痩せてしまったことを気にしていて、その言葉にショックを受けてしまったというような場合です。

このように「痩せたね」という言葉はダイエットしている人には嬉しい言葉ですが、同じ言葉でも受け取る側によっては傷つく言葉になってしまうこともあるのです。そのため、相手がどのような人なのかを観ていることがとても大事なのです。

青のストロークを投げかけようとすると、相手のことをより深く観察するようになります。そして、青のキャラクターから観察することになるので、相手の良いところが目につくようになり、自分が青の状態でいることに気づくでしょう。自分の青のキャラクターは、相手の青のキャラクターを誘うだけでなく、自分の青のキャラクターも引き出すので、心地良い時間が増えることでしょう。

3　大切にしていること

相手を「観ている」ことは人間関係を築く際に、とても重要なことです。相手の言葉・声・表情・姿勢・身振りを観察することで、６つのキャラクターのうち相手の対応しているキャラクターを見分けることができました。青のアプローチをする3人は、相手の大切にしている価値観を重視します。人は自分の価値観を実感したくて生きているといってもよいでしょう。そして自分の価値観を大切にしてくれる人のことを好きになりませんか？　また自分の価値観を満たせるイメージができると、大きな決断をし、踏み出すことができます。そのためには自分や相手の価値基準を知っておくと、コミュニケーションをとる際に、より豊かな人間関係を築けるでしょう。

「あなたにとって、○○について大切にしていることは何ですか？」と直接訊いてみてもいいでしょう。そして、それがどうして大切なのかをさらに尋ねたら、相手の価値基準が見えてくるかもしれません。もしくは、その人がやっていることを実際に観て「それをやることによってあなたにとってどんなことをもたらすのですか？」と訊いてみるのも一法です。大切なことはその人の言葉や態度の中に表れてくるものなので、繰り返される言葉を探してみるのもいいかもしれませんね。

相手の大切にしているものを見つけることができたら、そのことを「青のストローク」として伝えてみましょう。より相手の心に響く言葉になります。

ここまで、人との関係において「青」と「赤」のコミュニケーションを見てきましたが、他者だけでなく自己とのコミュニケーションに活かしていくことができます。自分の大切にしていることは、何なのか、自分自身に問いかけてみてはいかがでしょうか。たとえば、人生において大事にしていることが順番に「家族・恋人・友達・趣味・睡眠」だったとします。1週間を振り返ってみて、仕事ばかりしていて、趣味や睡眠の時間が持てなかったり、家族や恋人・友人とコミュニケーションをとれなかったりしたら、相当なストレスにつながることでしょう。

自己を振り返るときには、「仕事のできるキャリアウーマン」を発揮して、客観的に自分のことを観察し、ときには「優しいお母さん」から自分のことを励まして、「素直な子ども」で感情などを表現してみると、自分のことを大切にしている実感を得られるかもしれません。

同じように「青のストローク」は自分自身にも投げかけることを忘れないでください。よく自分自身に対して「赤のストローク」ばかりを投げかけている人を見かけます。「青のストローク」は、欠けているところを観るのではなく、「うまくいった」「成長した」と少しでも前進したことがあれば、そこに焦点を当ててあげればいいのです。昨日よりプラスした行動であれば、しっかりと認識し、その行動を積み重ねていけば、自分の進みたい方向に着実と向かっていくでしょう。さらに、自分の存在そのものを認めてあげれば、それが「青のストローク」になります。あなたの中にあなたとコミュニケーションする「青のキャラクター」を創っていけるといいですね。

第5章

本当に欲しいものを手に入れるための状況設定

1 安心感を創り出す「ページング」

青のアプローチをする3人は、コミュニケーションを取るときに自然に行っていることがあります。それが相手とペースを合わせる「ページング」です。人は自分とは違うと感じた人に対して、本能的に警戒心を持つものですが、逆に自分と似ていると、無意識のうちに安心感を得ています。その傾向を活用して、意図的に相手と姿勢や表情、言葉や話し方などを合わせていくことで、相手に安心感を与え、関係性を築いていきます。

たとえば、視覚優位の人は、目から情報を取り入れ見たものに対する印象がとても大きいですよね。そこで、もし相手との距離を縮めたいと思うのであれば、相手と同じスタイルの服装や髪形にすると良いのです。仕事の面では、相手や状況に合わせた身だしなみはマナーとして不可欠ですよね。

姿勢や表情であれば、事前に準備することもなく、その場ですぐに合わせることができます。相手が笑っていれば自分も笑い、前のめりの姿勢であれば、こちらも身を乗り出すなど、鏡に写っているかのように、ペーシングすると良いでしょう。ただし、相手から見て不自然なほどに相手の真似をしたのでは、ただの猿まねになってしまうので注意が必要です。

聴覚優位の人にとっては、耳から入ってくる情報に大きく印象づけられます。そのため声のトーンに注意を払います。相手の声の大きさや高さ、リズムなどを合わせましょう。とくに重要なのがスピードです。早口の人にゆっくり話をすると、もたついているイメージがつきやすく、じれったさを相手に感じさせることでしょう。逆にゆっくりとした口調の人に早口で話をすると、相手は理解ができないかもしれません。とくに営業の場面で、話すことに必死になっている営業マンをよく見かけますが、話すテンポを合わせるだけで、成果が大きく変わってくることでしょう。

体感覚優位の人は、動作を合わせていきましょう。呼吸を合わせるのも一法です。「息を合わせる」という言葉がありますよね。体感覚優位の方は身振りが大きいので、相手に身振りを合わせてみましょう。

このように相手のチャンネルに合わせて、相手の要素を真似していくと、お互いのペースが合ってきて、居心地の良い関係になってきます。さらに相手もそのペースにつられ、無意識に自分に合わせてくるようになるのです。

そうすれば、自分が相手を導くことができます。もし相手が赤のキャラクターで接してきたら、まずは相手とペーシングして、そして青のアプローチを続けることです。そうすれば、相手が赤から青のキャラクターにシフトしやすくなります。

２ 「ケアフロンテーション」でお膳立て

青のコミュニケーションは効果的な人間関係を築くのに有効であることを見てきました。場面や状況に合わせて青のキャラクターがアプローチすることが求められますが、３人が対応し続けても、相手から赤のアプローチしか返ってこない場合があります。そのような場面では自分の手に入れたい状況に導くためのお膳立てをしていきましょう。お膳立てには12の方法があります。この方法を組み合わせることで、自分の考えや気持ちを抑制することなく、相手を大切にしながら必要なことを伝えることができ、自分の欲しい結果を手にすることができます。

お膳立てをする際に、確認しておきたいことがあります。自分の欲しい結果とはどのようなことなのかということです。相手と創り上げたいことを、あらためて自問する必要があります。その手にしたいものをしっかりと把握して、その結果を創るために状況設定していくのです。私は赤のアプローチをし続ける相手と、意味もなく関係を続ける必要はないと思っています。赤のキャラクターで居続ける相手に、エネルギーを使って青のアプローチを続けるのは、その相手と築きたい明らかな目標があるからです。

ケアフロンテーションというのは、この本のベースになっているBCBプログラム（「はじめに」参照）の創始者であるエイブ・ワグナー氏のcareとconfrontationを組み合わせた造語です。ケアは面倒を見る・大切にする・配慮する、コンフロンテーションは直面するという意味があります。つまりケアフロンテーションというのは、相手のことを大切に思い配慮しながら、必要なことに直面してもらうという意味です。青のコミュニケーションは必ずしも、相手が望んでいることや期待していることを伝えることばかりではありません。たとえば、職場などでは、相手の相応しくない行動に対して、適切なフィードバックをしなければならない場面がありますよね。このような場合、相手に問題を直視してもらい、職場で創りたい結果を手にするために状況設定をするのが「ケアフロンテーション」ということです。

ケアフロンテーションを行うとどのようなメリットがあるのでしょうか？　私たちは

赤の状態の相手とコミュニケーションをとるとき、自分の赤の状態が誘われ、自分も赤のキャラクターで対応しがちでした。しかし、目標や欲しい結果を明確にし、意識的にケアフロンテーションを使うということは、青のコミュニケーションを促し、成果をより多くするために適切な表現をするということになります。

たとえば、相手とはまったく違った思考や感情を持っているとします。相手の考えに対して腹を立てることもあるかもしれません。その際に、相手に配慮せず自分の感情や欲求を投げかけたら、赤のコミュニケーションを生み出しますが、ケアフロンテーションを行うことで、相手に同意をしなくても、腹が立ったとしても、より適切に対応できるようになります。具体的なスキルについて見ていきましょう。

1. ゴールデンルール

自分が相手からしてもらいたいことを、相手に提供するのがゴールデンルールです。もしその状況で、自分だったらどのように対応してほしいのかを考えます。たとえば、自分は買い物の際に、お店の人から親切にアドバイスしてもらったり、お勧めの商品を紹介してもらったり、いろいろ教えてほしいと思っているとしましょう。そうしたら、自分の仕事でお客様に対しては、親切にアドバイスを行い、お勧めの商品を紹介し、いろいろと教えてあげることです。今、この場面で「相手にどうしてほしいのか?」を自分に問いかけ、その答えを相手に提供します。自分のしてほしいことを考えている時には「素直な子ども」のキャラクターになりますし、それを提供しようとするのは「優しいお母さん」のアプローチです。

2. プラチナルール

プラチナルールは相手が自分にしてほしいことを想像し、相手に提供することです。ゴールデンルールでは、自分だったらどのようにしてほしいのかを考えて提供しました。さらに相手の目線を加えるのがプラチナルールになります。相手が自分と同じようにしてもらいたいことを願っているとは限りません。「商品は1人でじっくり見て考えたい」という要望を持っている人であれば、店員のあれやこれやの説明はかえって迷惑になるのです。

プラチナルールを実践するためには、相手が何を希望しているのか、自分にどうしてほしいのかを知らなければなりません。相手がどのように接してほしいのかを「仕事のできるキャリアウーマン」で観察し分析するのも効果的でしょう。

たとえば、女の子の赤ちゃんが産まれた友達に出産祝いをプレゼントするとします。自分だったら女の子にはピンク色などの暖色でフリルなどの付いたものをほしいと思うかもしれませんが、日頃の彼女の洋服のセンスを観察していると、ブルー色などの寒色を好む傾向があるので、ブルー系のシンプルなデザインのほうが喜ばれるかもしれないのです。ストレートに好みを訊いてみてもいいですね。

時折、ケアフロンテーションを「相手に媚びることになりませんか？」という疑問を抱く人がいますが、プラチナルールを含めてお膳立てをすることは、決して媚びたり、相手の機嫌取りをしたり、へつらうことではありません。状況設定をして、自分の欲しい成果のために行っていることを再度、思い起こすと良いでしょう。私達は成果を手にするために、自分のことだけでなく相手のことも大切にしながら、より効果的な状況を自分の手で創っているのです。

★マッサージをしてあげたい

私はマッサージをしてもらうのも、人にしてあげるのも大好きです。ゴールデンルールに則ると、大切な人が疲れているときなどにはマッサージをしてあげたいという気持ちが強くなります。

あるとき、そのような場面がありました。しかし、相手は肩が凝ったりしないそうです。だからマッサージをしてもらってもさほど気持ちがいいとか、疲れがとれるという感覚がないということでした。あやうく、自分の気持ちを押し付けてしまうところだったのです。大抵の方には喜んでもらえるので、ゴールデンルールも有効なのですが、「マッサージは好きですか?」「私にマッサージしてもらうことを望みますか?」といったプラチナルールを使ったアプローチのほうがより青のコミュニケーションになりますね。

３．相手の行動の背景を知る

人の行動にはもっともな動機があると考えます。その動機に目を移すと、今まで相手の行動がまったく理解できなかったことでも、なぜそのようなことをしたのか理解できる場合があります。

たとえば、万引きをした人がいるとしましょう。万引きという行為は決して許されるものではありません。しかし、その人の背景に「病気がちで１つの就職先に長く勤めることができず、就職先が見つからない。養育していかなければならない子どもが３人いるのに、お金は底を尽いてしまった。お腹を空かして泣く子ども達に何かを食べさせたくて、目の前にあった食べ物をつい手にとってしまった」といったことがあるとします。

もちろん、正当な動機があるからといって、万引きをしたことを見逃す必要もありません、寛大に接してあげましょうといっているのでもありません。

しかし、その背景を知ることで自分から青のキャラクターが出やすくなるのではないでしょうか。相手のことを思いやり気遣う「優しいお母さん」、その状況と適切な処置をしようとする「仕事のできるキャリアウーマン」、共感できる「素直な子ども」で接すれば、青のコミュニケーションは可能になります。

★研修中に携帯電話ばかりを気にしている受講者

ある企業では、研修中はたとえ休み時間でも携帯電話をいじることが禁止されていました。しかし、1人だけ、休み時間になると教室から出てはこそこそ携帯電話をいじっている人がいます。この受講者に対して、「携帯電話は禁止しています」と電話を取りあげることもできますが、「人にはもっともな動機がある」と考え、その背景を尋ねてみました。すると、離れて暮らす親が病気で、その日が手術の当日。心配で仕方がなく、付き添っている兄弟と連絡を取っていたということだったのです。そして、もし何か緊急なことが起こったら、お兄さんから研修所宛に連絡をしてもらうように指示し、その連絡がない限りは研修に集中してもらうことにしました。そうすることで、その受講者はその後、研修に集中して受講することができたのです。

4．欲しいことを言う～依頼をする～

とてもシンプルなことですが、相手にストレートに望んでいることを伝える人は意外に少ないものです。断られることへの不安や、変に思われないかという「いじけた子ども」が自分の内側で役割を発揮しているのでしょう。また、言ったことで、相手から嫌な顔をされるシーンを浮かべたり、「そんなこと意味がありません」という声が聞こえたり、断られた時の動悸を感じているのかもしれません。人によっては言葉にしなくても自分の望んでいることは相手に伝わっていると思い込み、言葉にしない人もいます。しかし、自分の本意が伝わっていないことも珍しくないのです。

ストレートに相手に依頼することで、意外に簡単に欲しい状況が手に入ることがあります。

5．相手の顔を立てる

私たちは赤のキャラクターの相手に対して、欲しい状況を手にするための状況設定を行おうとしているわけです。相手が怒っていたり、委縮していたりする状態で、面子を失うようなことは避けたほうが良いでしょう。

「相手の顔を立てる」というと、目上の人に対して、相手の立場を尊重するというイメージが大きいと思いますが、上司が部下の、先輩が後輩の顔を立てるということも大切です。部下がミスをしたとき、他人の面前で「批判的なお母さん」の状態で怒鳴る上司がいますが、怒鳴られた部下は問題の解決を考える前に、「反抗的な子ども」の状態で言い訳を考えたり、「いじけた子ども」の状態で当惑したりするでしょう。それでは上司の欲しい結果は望めません。自分が面子をつぶされた場面を想像すると分かりやすいでしょう。なかなか青のキャラクターは出てきませんよね。

相手に理由を言うことのできる状況を作っておくことは大切なことです。ただし、前述したように言い訳を引き出すことがあるので、その場合には「仕事のできるキャリアウーマン」の状態で「次はどうしたら良いと思う?」といった質問を投げかけて、未来に目を向けていくようにしましょう。

相手の顔を立てるとき、相手がミスなどをした理由を理解していることを表現するのも一法です。たとえば、「優しいお母さん」のキャラクターから、「最近、あなたが忙しくて夜遅くまで残業をしていることは知っています。そして、この書類は先方から必ず期限を守ってほしいと強くご要望をいただいているものです。だから、優先してやってください」とアプローチします。「優しいお母さん」は「素直な子ども」を誘うので、反抗心を引き出すよりは相手の顔を立て、上司の期待に応えようという思いを促したほうが、手にする結果は大きいと思いませんか。

ケアフロンテーションは相手のミスに腹を立ててはいけないということではなく、起きたことに対して適切に表現する手法です。

6. 接し方を本人に聞く

こちらはプラチナルールとよく似ています。相手がすぐに怒ったり、いつも気を悪くしたりするような人の場合、どのように接したら良いのか分からないことがあります。その際には、相手に直接接し方を聞いてみるのが効果的です。たとえば、「私はあなたとこれからの関係を良くするために、お互いに思っていることを共有したいのですが、どのように話していいか分かりません。教えていただけませんか？」「あなたに嫌な思いをさせたくありません。どのようにお伝えしたらよろしいですか？」といった感じです。

本人が接し方を教えてくれれば、間違いはありませんね。こちらも接し方を変えて相手とのコミュニケーションをとることができます。もし、相手から接し方を教えてもらうことができなかったとしても、「自分との接し方に気づかってくれている」ということが相手に伝われば、１つ状況は前進することでしょう。

7．気がかりなことを相手と分かち合う

相手とコミュニケーションをとる際、気がかりなことがあると、自分も赤のキャラクターになりやすいでしょう。言い換えると、心の中で赤の内部処理をしているかもしれません。このような場合には、気がかりなことを先に相手に伝えて分かち合うのが効果的です。もし、その何らかの理由で話すことを躊躇している場合には、その「躊躇している」という思いをまず伝えてみましょう。

たとえば、「あなたともっといろいろな話をしたいと思っているのですが、いつもお忙しそうなので、時間をいただくのはご迷惑でないかと声をかけられずに躊躇していました。少しでもお時間はございますか？」「私の思っていることをお伝えしたら、あなたが気を悪くするのではと心配ですが、その件について、ご意見をぜひ伺いたいです」といった具合です。

問題を指摘することは、指摘する側にとっても、指摘される側にとっても決して気持ちの良いものではありません。気がかりな感情を相手と共有することで、その後の指摘する問題の内容を、相手により真剣に受け入れてもらえる状況を創ります。

8. 否定は肯定とセット

言いにくい否定的な内容のことを伝える場合には、肯定的な内容とセットで使います。その際、否定的な内容を最初に伝え、肯定的な内容で終わりにするというのがポイントです。たとえば、「彼の仕事は遅いけれど、とても丁寧だ」と「彼の仕事はとても丁寧だけれど、遅い」とを比較した場合、同じ内容ですが、ずいぶん印象が違うと思いませんか。

このケアフロンテーションは、否定的な内容も肯定的な内容も、お世辞ではなく本音であることが重要です。先に見てきた青のストロークも同様のことが言えます。自分が心にも思っていないことを相手に伝えるのは、自分に対して「反抗的な子ども」であるといえるでしょう。

なぜ肯定的な内容で終わりにするのかというと、最終的に肯定的な印象が残るからです。肯定的な内容を伝えてから、否定的な内容を伝えると、肯定的な内容が失われてしまう場合が多いのです。たとえば、「私は今回のプロジェクトの件で、あなたの活躍をとても期待しています。でも、現在の状況では計画通りに進んでいません」と言ったら、期待していることがほとんど伝わりません。肯定的な文章の後に「でも」「しかし」という言葉をつなげることで、その内容をひっくり返してしまう可能性が高いことを知っておきましょう。同じ内容を伝えるのであれば、「現在の状況では、プロジェクトが計画通りに進んでいませんね。私は今回の件で、あなたの活躍をとても期待しています」のほうが効果的です。

また、言葉は「否定」で終わらないほうが望ましいです。たとえば、「昨日見たドラマのことを思い出さないでください」と言われても、言われている間にその言葉を思い出してしまいませんか。

また、「ミスをしないでください」と言うのであれば「正確にやってください」と言ったほうが相手が受け入れやすいという傾向があります。「ミスをしないでください」と言うのはどちらかというと「批判的なお母さん」、「正確にやってください」と言うのは「優しいお母さん」からのアプローチになります。

9. サンドイッチ技法

「サンドイッチ技法」は前述の「否定は肯定とセット」にさらに最初に肯定的な内容を加え、否定的な内容を肯定的な内容で挟む方法です。同様に、肯定的な内容も否定的な内容も本音である必要があります。「肯定＋否定＋肯定」で伝えることによって、言いにくい肯定的な内容を相手に伝えることができます。このときも、「でも」「しかし」の接続詞を使わずに「そして」という接続詞を使うと良いでしょう。

たとえば「あなたのお客様への対応はいつもとても丁寧で気持ちがいいですね。そして、他の人よりも手続きが遅れがちです。スピードを高めることで、よりお手本となる応対をしてください」といった具合です。

10. 軽いタッチ

「軽いタッチ」というのは、相手に直面してもらいたいことが、さほど深刻ではないことに対して有効な手法となります。相手に対してケガを負わせてしまったというような重大なことに対して、「今回はたまたま運が悪かっただけだから、次回は気をつけて」とはなりませんよね。しかし、私たちは問題を指摘したり、言いにくいことを伝えたりする際、ほとんどの場合、あたかも相手が犯罪者のごとく、暗い雰囲気で大ごととして話す傾向があります。相手にしてみれば、落ち込んだり、不安になったり、赤の状態を引き出すばかりで、その後の建設的な行動に結びつかないことが多いのです。そのため、声のトーンや大きさ、表情や身振り手振りを使って青のキャラクターから「軽いタッチ」で伝えます。

たとえば、営業に出たばかりの新人がお客様からクレームを受けました。新人は真面目で几帳面な性格。それ故に、お客様の冗談が冗談として通じず、それに気分を害したお客様から「最近の若い者は、私たちを喜ばせるということも知らんのか」と言われてしまったのです。この場合、「あなたの応対がお客様に不快な思いをさせたのよ。大事な取引先になんてことをしてくれたの。一度お客様を怒らせてしまったら、今後の取引がどうなるものか分かったものじゃない」などと叱られたらどうでしょうか。もう２度と怖くてそのお客様のところには行けなくなってしまうかもしれませんよね。

問題に直面してもらうということは、相手を追いつめることではありません。だから、今回のケースでは「お客様のギャグに気づかなかっただけだよね。お客様の虫の居所が悪かったね。今度はお客様の言うことを楽しそうに聴いてみたらいいよ」と笑顔で伝えたほうが、効果が高いでしょう。

11. 最初に打ちあける

「最初に打ちあける」というのは、自分が相手と同じような体験をしたことがある場合、「私もあなたと同じ新入職員の頃、同じようなミスをしてお客様を怒らせてしまったことがあったわ」などと打ちあけることによって、相手からも自分のミスを認め、話しやすい状況を創ります。相手にアドバイスなどを聞き入れてほしい場合、自己開示から始めるのです。

部下や後輩を指導する際、相手がとくに防衛的で「反抗的な子ども」や「いじけた子ども」の状態であれば、「最初に打ちあける」ことで「素直な子ども」を引き出せる可能性が高くなります。

12. 率直に言う

「率直に言う」というのは日常の中で、できているようでなかなかできていないことではないでしょうか。相手に対して何か思っている事を率直に言わずに、遠回しに言ったり、曖昧な言い方をしたりすることで、実際に相手に自分の意図が伝わっていないケースがあります。
率直に言うために、次の４つのフレームを使うと良いでしょう。

①　課題を伝える
相手に直面してもらいたいことは何かをはっきりと伝えます。「仕事のできるキャリアウーマン」から伝えることが適しているでしょう。

②　感情・心境を伝える
課題に対しての自分の感情や心境を伝えます。自分の心情を素直に伝えることができる青のキャラクターは「素直な子ども」です。

③　（必要に応じて）相手の行動が他の人に与える影響を伝える
相手の行動によって、自分もしくは周囲の人にどのような影響があるのかを伝えます。

④　課題に対する要望を伝える
課題に対して、どのようにしてほしいのかを伝えます。課題に対するゴールの場

合もあるでしょう。

●使い方の例

【例1】「①あなたがミーティングにいつも5分ほど遅れてくることについてですが、②私はとても残念に思っています。③あなたが遅れることによって、他のメンバーの貴重な時間を奪うことにもなりますので、④今後は5分前には会議室に来て、時間どおりに始められるようにしてください」

【例2】「①あなたの髪の毛の色のことでお話ししてもよろしいでしょうか? ②とても似合っていると思いますが、この職場にはふさわしくないので、あなたの信用が落ちるのではないかと心配しています。③他の職員があなたの髪の毛の色についてお客様から聞かれ、返答に困ったということもあったようです。④今まで築いてきたあなたの信用のためにも、髪の毛の染色をあと2ランク落としてきてください」

【例3】「①この前、友達からあなたが私の悪口を言っていたと聞いたの。②すごいショックで、悲しかった。④今度からはもし思っていることがあったら直接私に言ってほしい」

ケアフロンテーションは、1つの手法を単独で使うのではなく、状況に合わせていくつかを組み合わせて使っていきます。人間関係における悩みがある場合、ここに挙げた12のスキルを使って、どのように乗り越えていくのか戦略を立てて、それからアプローチすると良いでしょう。ただし、日頃から相手に対して、「青のストローク」を充分に投げかけているということが、このケアフロンテーションを効果的に活かすための前提だということを覚えておいてくださいね。

3 「ケアフロンテーション」で青のコミュニケーションを実践

では、実際にケアフロンテーションを使って、欲しい状況を手にしていきましょう。今、目の前に解決したい状況などがあったら書き出してみます。そして、その状況をどのような状態にしたいのか明確にします。

【ケース①】

入社して2年目になる後輩のA子さんは、指示された業務は卒なくこなし、目立ったミスもありません。A子さんは日頃からあまり自分から意見を言うことが少ないため、何を考えているのか分からない状態です。あなたはA子さんに対して、そろそろ中堅社員として、自発的に業務に対する提案などをしてもらいたいと思っています。そこでこれから始まるキャンペーンに対する具体的な取組みとして、何をしたら良いと思うのか意見を求めました。A子さんは「分かりました。考えてみます」と答えましたが、その後、1週間が経っても、何の返事もありません。どのようなケアフロンテーションが効果的でしょうか。

ゴールデンルールから考えてみましょう。もし自分が2年目の時に、先輩からキャンペーンの取組みのことを聞かれたとしたら、先輩にどうしてほしいのかを考えてみました。具体的な取組みと言われても、どのような取組みができるのかも分からないので、過去の成功事例を教えてほしいと思ったとします。そこでA子さんに「先日のキャンペーンの取組み案についていてだけど、過去の成功事例があったほうがいいかしら？」と尋ねてみると、とても嬉しそうに「ぜひ、欲しいです」と答えが返ってきました。

彼女は今までにも何か困ったときに、私に自分から相談してくるタイプではありませんでした。そこでA子さんにしてみれば自分は話しかけにくいのかもしれないと気がかりになり、「気がかりなことを相手と分かち合う」を使うことにしました。「何か困ったことがあったときに、もしかして私に話しかけにくい？　本当は相談したいのに、声をかけられないのか気になったのだけど、大丈夫？」。すると彼女からは「そのようにいつも気を掛けてくださってありがとうございます。先輩に相談しにくいというのではなく、困ったことをどのように言ったらいいのか分からないでいました」と返事が返ってきたのです。

確かに、A子さんは口下手で、思ったことをうまく表現するのが得意とは思えません。そこで、「接し方を本人に聞く」ことにしました。「この前、キャンペーンの具体的な取組みについては考えてもらえましたか？　それについても伝え方を迷っているのかな。どのような方法だったら言いやすいですか？」と尋ねてみました。A子さんからは「あれからキャンペーンの取組みについては成功事例を参考にしながら、自分なりにいろいろと考えてみました。用紙にまとめて提出させてもらってもよろしいでしょうか？」と返答があり、3日後に提出してもらうことになったのです。

また、自分自身の苦い経験も「最初に打ちあける」ことにしました。「実はね、私も2年目の時に、キャンペーンの取組みについて先輩に考えてくるように言われて、発表したことがあったの。その時の私の案は、先輩たちからすると、とても幼稚で笑われてしまって……。恥ずかしくて、その後しばらくは、人前で意見を言うのが怖くてできなくなってしまったのよね。だから、そんな思いをあなたにさせたくないから、どんなささいなことでも構わないから、あなたの意見を安心してその中に入れてみてね」。

約束の3日後、A子さんからイラスト入りでキャンペーンの取組みについての具体的な案を提出してもらうことができました。その中には、若い感性が活かされた斬新なアイディアが盛り込まれていたのです。

A子さんにキャンペーンの話をしてから1週間経っても何の報告もなければ、自分の中の「批判的なお母さん」が顔を出し、「1週間も経つのに、何も言ってこないなんて信じられない」「社会人としての自覚が足りないのではないか」などと腹を立てることもあるかもしれません。しかし、そのままA子さんに自分の感情をぶつけていたのでは、自分の手にしたい状態からは遠ざかるばかりです。今回のように、ケアフロンテーションを使って効果的な状況を創り出していきましょう。

【ケース②】

久しぶりに会った友達のB子とレストランで食事をしています。B子は携帯電話をテーブルに置き、「ピコン」と着信音が鳴るたびに私との会話を中断し、携帯電話を手にしていました。B子が電話をいじっている間は、置き去りにされた感じがして、せっかくの時間が無駄に思えました。またB子から自分のことを大切にしてもらっている感じがしません。そこで、ケアフロンテーションを使って、この時間は電話をしまってもらい、自分との時間を大切にしてもらいたいと思いました。

「相手の行動の背景を知る」ために、何か携帯電話で緊急に連絡をとる必要があるのかをB子に尋ねてみました。すると「小学生の娘が、1人で初めて2駅先のおばあちゃんの家に向かっていて、その娘と連絡をとりあっている」ということでした。

さらに「率直に言う」のフレームに沿って、自分の思いを伝えたのです。「あなたが私と一緒にいる時間に、携帯電話を何度も見ていたことなんだけど、そんな事情があるとは知らなかったから、すごく寂しく感じていたの。せっかく私と一緒にいるのに、その間は時間が無駄に過ぎていくし、話に集中できないし、もしそのような状況なら、またあらためて時間を作るか、携帯電話はしまってもらって、私の時間を大切にしてほしい。それか、お嬢さんがおばあちゃんの家に着くまで、私にもお嬢さんの様子を共有してほしいの」

「ごめんね。そんな風に思っていたなんて、全然気づかなかったわ。確かに娘のことに気を取られて、この場にいなかったね。もう娘は１人で行けそうだから携帯電話はしまって、今からはあなたとの時間を楽しむね」とＢ子とはその後、あれやこれやと久しぶりの会話を楽しむことができました。

このようにケアフロンテーションを使ったら何ができるのかを考えて、あてはめて実践してみると、自分の欲しい結果を手にする機会が増えることでしょう。

●陰口たたくくらいなら本人に直接言う

人生においての悩みの大半は人間関係と言われているくらいですから、人間関係において、気の合わない人や、付き合っていて嫌なこと、腹立つことはあるでしょう。その感情を自分のうちに抱えておくのもつらいものですね。きっと自分の内側で、赤のキャラクターが会話を繰り広げているのではないでしょうか。その思いを発散するかのごとく、陰口・悪口を言う人がいます。しかし、陰口・悪口を言ったところで、その状況は何も変わらないどころか、悪口が第三者の言葉を通して本人の耳に入ってしまうというように、人間関係をかえって複雑にしてしまうこともあります。また、悪口を言うあなたのことを信用しなくなったり、悪口を伝えた相手から赤のキャラクターを引き出してしまったり、ほとんど良いことはありません。

その場合には、ケアフロンテーションを使って、本人に直接思っていることを伝えましょう。ケアフロンテーションを使うときには、相手とどのような関係を築きたいのかを明確にすること、そして、相手のことも大切にすることが前提にあります。

第6章

チャンスをつかんで人生を素敵に彩る

1 自分にも青のコミュニケーションでアプローチ

青のコミュニケーションは他者に対して有効なだけではありません。自分に対しても青のアプローチを増やすことで、人生を素敵に彩っていくことができます。自分が発する言葉を少し変えるだけで、今見えている世界やこれから進む世界の見え方が変わってくるのです。

●「難しい」は「慣れていないだけ」と言ってみる

「難しい」という言葉を「慣れていないだけ」と変えてみたら、どうでしょうか。「難しい」と言うと、眉間に皺が寄って「批判的なお母さん」や「反抗的な子ども」の赤のキャラクターが浮かびます。また、自分のことを卑下して「難しいから自分になんてできない」という「いじけた子ども」の状態かもしれません。いずれにしても「難しい」という言葉の中には、「できない」「無理」といった、抽象的な抵抗感がある場合がほとんどです。そうすると、なかなか意欲的にその物事に取り組めないことが多くなるのではないでしょうか。

新人の時に難しいと感じた仕事でも、振り返ってみると今は無意識のうちに軽々とこなしている業務は山ほどあるはずです。「慣れていないだけ」という言葉がけを「優しいお母さん」のキャラクターで自分に投げかけてもいいですし、「仕事のできるキャリアウーマン」から言ってもいいですね。「素直な子ども」の状態で言えば、新しいことに取り組むことにワクワク感を持って臨めるかもしれません。

「難しい」という言葉を「慣れていないだけ」に変えることによって、自分の行動を止めず、前に進むための取組み姿勢に入れ変えることができるのではないでしょうか。

★「難しい」という言葉は自分を固める!?

研修で受講者から「難しい」という言葉をよく聞きます。研修は今までとは異なる視点や新しいやり方などを学ぶ場なので、「難しい」と思うことは当然多いでしょう。しかし、この「難しい」と言う受講者を観察していると、その新しいことを取り入れる楽しさよりも、抵抗感に支配されて、固まっていることが多いのです。その受講者に「慣れていないだけだから」と声をかけると、笑顔で「そうですよね」とまた挑戦し始めます。ぜひ、自分で自分に壁を作らず、前進する声かけをしてあげてくださいね。

２　自分にも青のストロークで成長を実感

人に対して青のストロークを投げかけましょうということは前述したとおりです。人には投げかけることはできるけれども、自分に対しては「できない」という人の多いことに驚きます。行動に対する青のストロークは、ほんのささやかなことでいいのです。昨日まではしていなかったことを今日はするようになったら、自分に対して青のストロークを投げかけましょう。「昨日までは自分から挨拶していなかった相手に、今日は自分から声をかけることができた」「お弁当にひと工夫した」「電車内でお年寄りに席を譲った」など、自分の行動をあらためて認識し、青のキャラクターから言葉をかけるのです。すると、その行動をさらに助長し、自分の成長を実感できます。自分の良いところに目を向けるようになると、自信もついてきて、人とのコミュニケーションの際にも、青のキャラクターで対応できることが多くなるでしょう。

★「私は劣っている」というバイリンガル

バイリンガルの女性のキャリアカウンセリングをしたときのことです。彼女の口から語られる自分自身はこんな感じでした。「私は、4年間留学した人に比べれば、1年間しか留学していないので、英語も下手だし、経験もとても浅いのです」。

では、まったく留学していない人や、英語が話せない人から見たらどうでしょうか？彼女は1年もの留学経験があり、英語を話すことができるのです。人はどこからスポットライトを当てるかによって、同じことが光にも闇にも感じられますね。青のストロークを投げかける際に、そろそろ他者との比較をやめませんか？

1年間留学することができたのは、留学するための強い意志があり、それを計画し実行した決断力・行動力があったからこそです。留学するための資金はどうしたのでしょうか？　自分でバイトして貯めたのであれば、それもすごいことです。親に出してもらったとしても、その交渉力を認めてあげたらいいのです。

彼女は履歴書に自分の良いところが見つからなくて書けないと悩んでいましたが、話していくうちに、そういえば私にはこんなにもいいことがあったとアピールできるところが次々と出てくるようになりました。

とくに完璧主義の人は１００％でない限りは、欠けていることに目が向き、自分に対して「○○できない私」と赤のストロークを投げかける傾向が顕著です。周囲の人が青のストロークを投げかけても「いえいえ、そんなことはありません」と受け入れず、言い訳したり、謙遜したりします。まずは「青のストローク」を受け止めることから始めてもいいかもしれませんね。

１日の中で自分に対して１つでも多くの青のストロークを投げかけていけば、見えてくる世界が変わってくるでしょう。

存在に対する青のストロークを投げかけることは「自己肯定感」につながります。何もしないでも、そのままの自分を認める。今、ここに自分が存在することを感じるだけでも良いでしょう。

3　言葉に表すことで欲しいものを手に入れる

あなたは自分の欲しいもの、やりたいことを言葉に表していますか？　欲しいものが手に入らず、やりたいことが実現できなければ恥ずかしいから、みっともないから言わないと言う人が多いのではないでしょうか。そもそもそんなことを口にすることすら考えてもみなかったという人もいるかもしれません。

自分の手にしたいことはどんどん言葉にすることをお勧めします。なぜならば、言葉にすればするほど、支援してくれる人が多く現れて、実現できる可能性が数段高くなるからです。言葉にしないよりもするほうが、欲しいものややりたいことに対する情報も人を介して集まってくることでしょう。

「素直な子ども」は率直に自分の欲求を伝えることができるキャラクターでした。「素直な子ども」から夢や目標を語れば、「素直な子ども」で共感してくれる人も出てきます。「素直な子ども」から発言することで、相手の「優しいお母さん」を誘います。「優しいお母さん」で支援したり応援したりする人も出てきて、そのチャンスを作ってくれるかもしれません。「仕事のできるキャリアウーマン」は必要な情報や、場を提供してくれるでしょう。それもすべてはあなたがその思いを発信したからこそ手に入ってくるものなのです。

★「私、ファイナンシャル・プランナーになりたいです！」

33歳のときに、ファイナンシャル・プランナー（ＦＰ）の資格をとるための勉強を始めました。ある人から「女性の33歳はターニングポイントだよ」と言われ、当時専業主婦だった私は、家事や子育てとは関係のない自分のために何かをやってみたいと思い、資格取得に挑戦することにしました。当時は、軽い気持ちで始めた勉強でしたが、途中から、家庭の事情で働かなければならない状況になり、「ＦＰとして生計を立てよう」と思い立ったわけです。その時から、私は事あるごとに「ＦＰになりたいです」と言ってきました。ほとんどの人が「頑張って」「応援しているね」と言ってくれましたが、中には「専業主婦で人脈もないのに、そんなの無理じゃない？」「ＦＰとして活躍している人なんて、ほんの一握りだよ」と言われ嫌な思いをしたこともあります。そのようなことを言われると、私の中の「いじけた子ども」が顔を出し、「やっぱり私には無理かも」とくじけそうになりました。

それでも、ずっと言い続けていたら、あるとき「これからFPの会社を創ろうと思っていますが、手伝ってもらえませんか？」と声をかけていただき、FPとして踏み出すことができたのです。

さらに、私には憧れるFPがいました。あるとき、彼女が主催する勉強会があることを知り、参加したのです。その憧れの人と名刺交換をする際に、「私はあなたに憧れています。何か一緒にお仕事をする機会がありましたら、ぜひ声をかけてください。よろしくお願いします」と伝えました。この一言が彼女の「優しいお母さん」を引き出したのでしょうか。今、私はその憧れのFPと一緒に仕事をしています。資格を取得したときに、このようなことを誰が想像したでしょうか。でも、私はまさに「青のコミュニケーション」を積み重ねることで、自分でその状況を創ってきたのです。

ときには自分の思いに反して、自分の叶えたいことを赤のキャラクターで否定してくる人もいます。そのとき、悲しい思いをしたり、腹を立てたりすることもあるかもしれません。しかし、ただそれだけ。悲しい思いをする、腹立つこともある、それを自分の内部でどう処理するかは自分次第なのです。それよりも、先に述べた青のコミュニケーションから得られるもののほうがずっと大きいと思いませんか？　もし、あなたが今まで自分の欲しいもの、やりたいことを口にしてこなかったのであれば、ぜひ、一歩を踏み出してみてください。

4　チャンスをつかもう

何かを成し遂げようとするとき、他の人が赤のキャラクターで「そんなの無理なんじゃない？」とアプローチしてくるのと同じように、自分の心の中で赤の3人のキャラクターが顔を出し、自分に対してもアプローチしてきます。実は行動を妨げる最も大きな壁は、この自分に対してアプローチする赤の3人のキャラクターなのです。

赤の3人のキャラクターは自分のやりたいことや素直な気持ちを妨げ、行動を止めようと必死です。「批判的なお母さん」は「何やっているのよ。そんなことしたらどんどん人から嫌われるわよ」「あなた、お金持ってないじゃない。無理に決まっているわ」「今はそんなことに時間を使うべきではないわよね」と言ってくることでしょう。

「反抗的な子ども」は「努力なんてしたって無駄、無駄。そんなことやめちゃえ」「絶対にやらないほうがいい」とアプローチしてきます。

「いじけた子ども」は「やっぱり自分にそんなことができるわけない。自分は凡人だもの」「成功している人は、私とはもともと才能が違うのよね」「私みたいな人間が、そんな夢見ちゃいけないのよ」とささやくでしょう。大抵の人はその赤のアプローチに屈してしまい、そこで自分の手に入れたいことを手放してしまうのです。

しかし、そこで赤のアプローチをシャットアウトし、青の3人のキャラクターだったら何と言うのか、青のキャラクターの声を聞いてみませんか？

「優しいお母さん」は「もし、やってみてうまくいかなかったら、また挑戦してみればいいじゃない」「腹立つことがあったら怒ってもいいんだよ」「傷ついたら悲しんでもいい。その時に私がそばにいるよ」と背中を押してくれるでしょう。

「仕事のできるキャリアウーマン」はどうすればできるのか冷静に方法を見出そうとします。「まだまだ可能性はありますね。Aという方法がダメなら、次はBという方法でやってみましょうか？」と。

「素直な子ども」は「自分のやりたいことをやっているときは、本当に充実している」「大変だけど、すごく楽しい」「挑戦するってワクワクするよね」とはしゃいでいるかもしれませんよ。

「やりたいことはやってもいい」と自分の思いを受け入れ、アプローチすれば、自分の描く人生に近づくことができるでしょう。この青のアプローチを自分自身にも続けていくと、目の前に降ってくるチャンスを逃すことなくつかむことができるようになります。

もちろん、筆者自身もいつでも青のコミュニケーションができるわけではありません。赤のアプローチをしたときには「今、赤のキャラクターからだったよね」と気づき、青のアプローチに変えてみます。そんなことを繰り返すことで、「幸せだな」と思うこととその時間が多くなったと感じるのです。だからこそこの「青のコミュニケーション」を多くの方に届けたいと思いました。

どうぞ「青のコミュニケーション」で自分の人生をますます素敵に彩ってくださいね。

【参考文献】

・『コミュニケーションバリアを切り開く方法』（株式会社チーム医療）
・『よりよい人間関係とコミュニケーションスキル』（株式会社チーム医療）

おわりに

先日、ビジネスパートナーと箱根に行ってきました。心を開いて深く語りあった「人生」のこと。その際、この本を書くきっかけをくれた和泉昭子さんが言いました。「人の悩みのほとんどは、人間関係とお金のことで占めているの。人間関係についていえば、身近な30人くらいによって、その人の世界観が創られているの。だから、その30人との関係がうまくいけば、人生そのものが幸せになるといっても過言ではないのよ」。早速、私は自分の周りの30人を挙げて、関係を振り返ってみたのです。

私の周りは、「青のコミュニケーション」であふれていることを、あらためて感じました。もちろん、著書である私も「赤のコミュニケーション」でもやもや、イライラと悩むことはあります。そのたびに、「青のコミュニケーション」を描いて、1人ひとりと素敵な関係を築いてこられたことを実感したのです。

また講師である私は、今までも研修やセミナーを通して、「青のコミュニケーション」

のエッセンスを伝える機会がありました。その中で、ほんのささいなことでも意識して実践していくことで、人生を切り拓いた人たちを、大勢見てきたのです。人生は自分の心持ちで、いくらでも素敵に彩ることができると信じています。本書が皆様に少しでもお役に立てれば幸いです。

最後になりましたが、本書を出版するにあたり、大変お世話になった株式会社プラチナ・コンシェルジュの和泉昭子さん、ＢＣＢプログラムを日本に紹介してくれた株式会社チーム医療の梅本和比己さん、編集を担当してくださった経法ビジネス出版株式会社の中島基隆さんと恒吉栄治さん、出版の機会を与えてくださった株式会社経済法令研究会の下井正彦さん、そして、いつも心の支えとなってくれている家族に対しても、心よりお礼を申し上げます。

そして、最後まで読んでいただいた読者の皆様に心より感謝いたします。

２０１５年１月

コミュニケーション・トレーナー　中島啓子

本書に寄せて

著者の中島啓子さんとは長年ビジネスをご一緒させていただいていますが、正直、出会った当初は、いわゆるコミュニケーションがうまい人だとは思いませんでした。仕事がうまくいかず、社長の私から小言を言われることもしばしば。ときには意見が食い違う場面もありました。忙しい最中にそのようなネガティブなことが起こると、私のほうはキリキリと余裕がなくなるのですが、彼女はいつでも柔らかな笑みを浮かべ、私の言葉に「そうですか？」と応じてきます。「わかりました」でも「そうは思わない」でもなく、やや脱力した感じの「そうですか？」。これを聞くと、こちらのテンションまで自然に緩むから不思議です。

あるとき、自分がどう感じていても、いったんはニュートラルに受け止め、「あなたはそんな風に思っているのですね」というメッセージを返しているのだと気づきました。そうやって時間を稼いで自分の心を静め、頭を整理し、どうすれば「青」の状態からアプローチできるか探っていたのだということも、本書を読んでわかりました。

会社設立当時、一番の劣等生だった彼女ですが、つねに「青」のコミュニケーションを実践することで、さまざまなチャンスを引き寄せ、ここ数年、飛躍的な成長を果たしました。一見窮地と思える場面も、その笑顔と「青」のコミュニケーションにより、多くの人のサポートを得て乗り越えてきました。

コミュニケーション力は、生きていくうえで大変重要なスキルです。この力が高いか否かで、同じ環境にいながら、幸せにも不幸にもなりえます。しかし、この力は通常、一朝一夕には身に付きません。コミュニケーションは、相手や場面により、非常に複雑なものだからです。

本書は、コミュニケーションの状態を「青」と「赤」の2つに分け、そこだけにフォーカスすることで人生を変えることができる画期的なものです。この本を読んで実践すれば、彼女が自身の道を切り拓いてきたように、皆さんも必ずや幸せをつかむことでしょう。

２０１５年1月

株式会社プラチナ・コンシェルジュ
代表取締役　和泉昭子

中島啓子（なかじま　けいこ）
株式会社プラチナ・コンシェルジュ
（コミュニケーション・トレーナー）

明治大学短期大学卒業後、都市銀行に入行。おもに「相談窓口」を担当する。退職後、主婦からFPに転身。現在は顧客と信頼関係を築くためのコミュニケーションプログラムを取り入れた研修を行う。得意なテーマは「店頭応対」「コミュニケーション」「セールス力強化」「女性の活躍推進」など。主婦層を対象とした講演から企業研修まで幅広く講師活動を展開している。

経法ビジネス新書　006
「青」のコミュニケーションで人生を変える

	2015年2月15日初版第1刷発行
著　者	中島啓子
発行者	金子幸司
発行所	株式会社 経済法令研究会 〒162-8421　東京都新宿区市谷本村町3-21 Tel　03-3267-4811 http://www.khk.co.jp/
企画・制作	経法ビジネス出版株式会社 Tel　03-3267-4897
カバーデザイン	株式会社 キュービスト
帯デザイン	佐藤　修
イラスト	仲谷まどか
印刷所	音羽印刷株式会社

乱丁・落丁はお取替えいたします。

ISBN978-4-7668-4805-2 C0211

経法ビジネス新書刊行にあたって

経済法令研究会は、主に金融機関に必要とされる業務知識に関する、書籍・雑誌の発刊、通信講座の開発および研修会ならびに銀行業務検定試験の全国一斉実施等を通じて、金融機関行職員の方々の業務知識向上に資するためのお手伝いをしてまいりました。

ところがその間、若者の活字離れが喧伝される中、ゆとり世代からさとり世代、さらには、ゆうとおり世代と称されるにいたり、価値観の多様化の名のもとに思考が停滞しているかの様相を呈する時代となりました。そこで、文字文化の息吹を絶やさないためにも、考える力を身につけて明日の夢につながる知恵を紡いでいくことが、出版人としての当社の使命と考え、経済法令研究会創業55周年を数えたのを機に、経法ビジネス新書を創刊することといたしました。読者のみなさまとともに考える道を歩んでまいりたいと存じます。

２０１４年９月

経法ビジネス出版株式会社